L'ÉGLISE

ET

LA PITIÉ ENVERS LES ANIMAUX

TEXTES ORIGINAUX

PUISÉS A DES SOURCES PIEUSES

PREMIER RECUEIL

SOUS LA DIRECTION
DE
LA MARQUISE DE RAMBURES

AVEC UNE PRÉFACE
PAR
ROBERT DE LA SIZERANNE

PARIS
VICTOR LECOFFRE
90, RUE BONAPARTE

LONDRES
BURNS ET OATES
28, ORCHARD STREET

1899

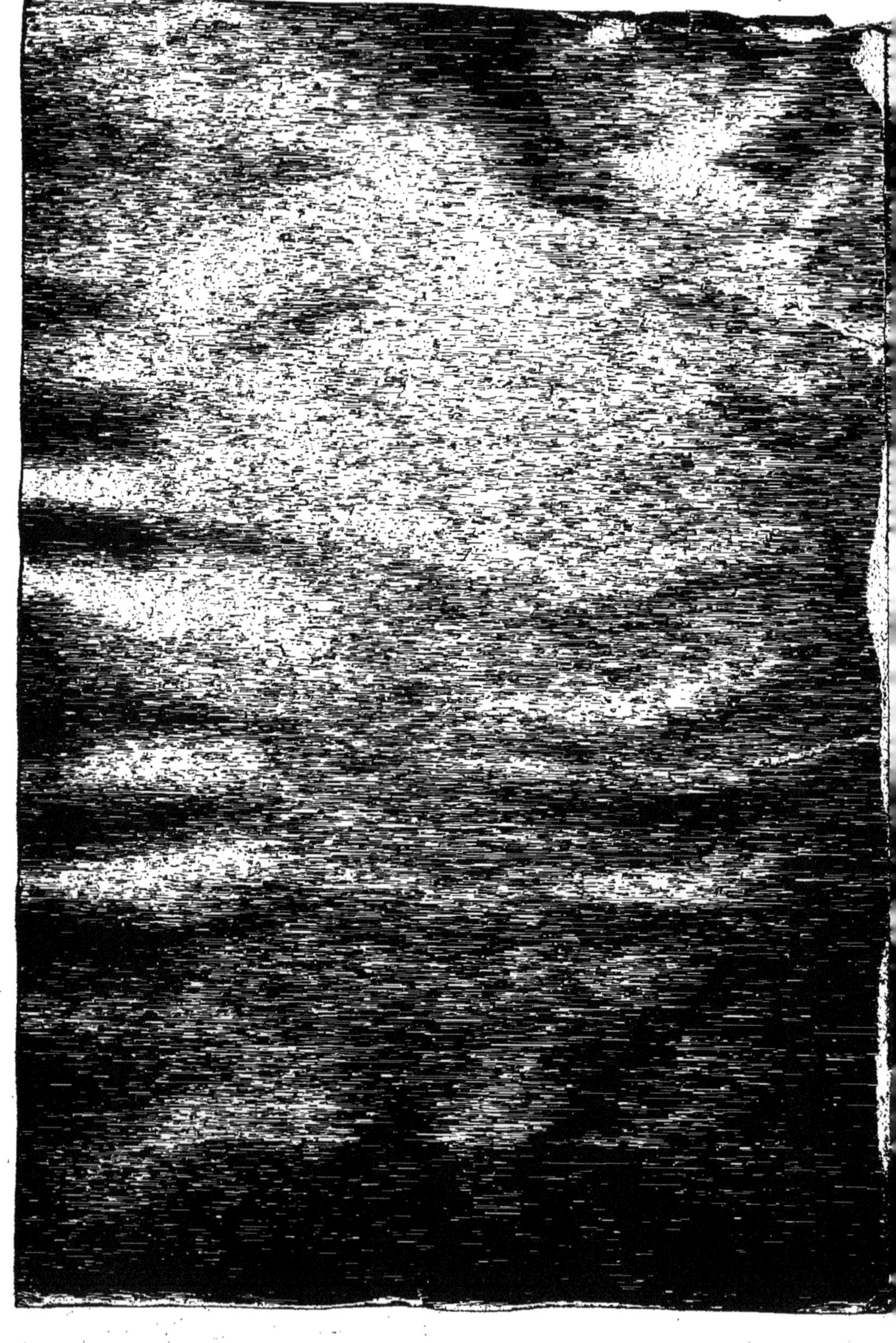

L'ÉGLISE

ET

LA PITIÉ ENVERS LES ANIMAUX

L'ÉGLISE

ET

LA PITIÉ ENVERS LES ANIMAUX

TEXTES ORIGINAUX

PUISÉS A DES SOURCES PIEUSES

PREMIER RECUEIL

SOUS LA DIRECTION

DE

LA MARQUISE DE RAMBURES

AVEC UNE PRÉFACE

PAR

ROBERT DE LA SIZERANNE

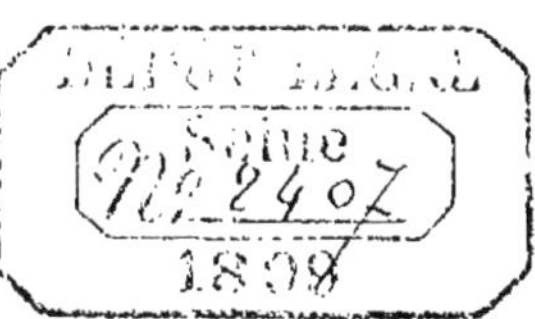

PARIS
VICTOR LECOFFRE
90, RUE BONAPARTE

LONDRES
BURNS ET OATES
28, ORCHARD STREET

1899

PRÉFACE

Il y a dans la galerie des Sept-Mètres, au Louvre, un certain nombre de tableaux peints à la gloire de saint Jérôme. Le plus curieux est celui de Sano di Pietro, long et bas, où l'on voit le saint agenouillé sous un portique de la campagne siennoise, devant un lion héraldique. Celui-ci tend la patte, en roulant des yeux furieux, au saint docteur de l'Église, qui s'ingénie à en retirer une malfaisante épine. Plus loin, deux ermites s'en vont, manifestant par leurs gestes qu'ils sont peu curieux d'être mis en rapports aussi directs avec le fauve. Du côté de la campagne, se déroule la suite ou la morale de cette singulière action : le lion reconnaissant se précipite sur une caravane chargée de vivres et pousse habilement les chameaux et leurs trésors vers la demeure du saint qui en profitera. Toute cette scène se passe dans un paysage en bois de Nuremberg et les acteurs en sont des personnages de cartes à jouer.

Mais l'insuffisance des procédés ou la naïveté barbare de l'idée n'enlèvent point à cette œuvre — si même elles n'y ajoutent — son enseignement. Par le pinceau de ses vieux maîtres, l'art chrétien nous prêche, dès ses débuts, la pitié envers les animaux.

L'histoire ici représentée n'est d'ailleurs point attribuée par les textes dignes de foi à saint Jérôme, mais à saint Gérasime. Ce saint « étant un jour sur la rive du Jourdain, vit « venir à lui un lion qui ne marchait que « sur trois pieds ; il tenait en l'air le qua- « trième, dans lequel s'était enfoncée une « épine. Il se présenta à Gérasime en rugis- « sant de la douleur qu'il souffrait. Le saint, « *touché de compassion*, retira l'épine, banda « la plaie qu'elle avait causée et renvoya le « roi du désert. Mais Dieu voulut faire voir, « dans cette occasion, que les justes qui le « servent fidèlement peuvent s'assujétir les « bêtes les plus féroces, comme elles étaient « soumises à Adam avant son péché ; car le « lion, comme s'il eût été doué de la raison, « ne le quitta plus et le servit dans son « monastère plus que n'aurait pu faire un « animal domestique, sans causer la moindre

« frayeur ni le moindre dommage à personne.
« Il demeura ainsi cinq ans au service du
« monastère, au bout desquels le Saint étant
« mort, il refusa toute nourriture et alla
« expirer sur son tombeau. On croit que
« cette histoire a donné occasion aux peintres
« de représenter saint Jérôme avec un lion
« près de lui; on l'aurait ainsi confondu avec
« saint Gérasime à cause de la ressemblance
« du nom que l'on trouve quelquefois écrit
« *Gérome*, par une mauvaise orthographe[1]. »

Quoi qu'il en soit, l'art en a profité pour figurer sans cesse auprès du saint la bête féroce assoupie et comme fascinée par la vue d'un chapeau de cardinal. Nos yeux ont pris l'habitude de voir des lions inoffensifs près des vieillards mitrés, et c'est sans étonnement qu'on aperçoit à la droite et à la gauche du Saint Père, quand il est sur son trône, dans la salle des Consistoires, les deux grands lions de la tapisserie qui encadrent entièrement sa figure.

La place que l'art ancien fit aux animaux dans ses représentations de la vie est ainsi très grande et très noble. Il les montre en

1. *Les Petits Bollandistes*, 7e édit., tome III, *Saint Gérasime*.

rapports avec l'homme et avec le meilleur de l'humanité. Il ne les montre pas avec des porchers, des vachers, des bouchers ou des toucheurs de bœufs, ni avec des dompteurs ou des saltimbanques, comme l'art d'aujourd'hui; il les met en la compagnie des saints, des sages et des héros. Vous ne trouvez guère dans l'art d'autrefois des œuvres entièrement consacrées à l'espèce animale, quelque chose comme les œuvres de Potter, ou de Jacques, ou de Troyon, ou de Landseer. Il n'y a pas chez les primitifs ou les renaissants d'*animaliers*.

Mais il ne s'ensuit pas que les maîtres n'aient pas peint les animaux; seulement, ils les ont peints en même temps que les hommes : ils les ont introduits dans les scènes les plus grandioses, les plus suggestives, les plus capables de nous inspirer de l'affection pour tous les êtres qui y sont figurés. Ils les ont fait voleter, courir et gambader autour de l'étable sainte où naît l'Enfant-Jésus; ils leur ont ouvert la porte des palais où siègent les docteurs de l'Église; ils ne leur ont pas fermé celle du Paradis.

Ce n'est qu'aux temps modernes qu'on s'est

imaginé de chasser des tableaux d'apparat ces humbles amis de l'homme, et de les reléguer dans un genre spécial de peintures, généralement destinées aux expositions canines. Le grand art chrétien admit la représentation des espèces animales accompagnant les saints jusque sur les autels de Celui « Dont les miséricordes s'étendent sur toutes ses œuvres ». (*Miserationes Ejus super omnia opera Ejus*. Psaume CXLIV, 9.)

Ou bien l'art primitif n'exprime rien du sentiment intime des « siècles de foi », ou bien ce choix des êtres les plus humbles de la création comme inséparables compagnons des hommes les plus grands et les meilleurs nous révèle la sympathie des plus fervents chrétiens pour les animaux.

Et, chose à remarquer, on ne trouve guère d'exemples de ce sentiment en Europe avant le Christianisme. Sans doute, de tous temps et dans tous les pays, certains animaux très apprivoisés, comme certains esclaves, de jolie apparence, ont dû être choyés même par des maîtres très durs, au gré de leurs caprices. D'autre part, certains animaux qui avaient eu la chance d'être choisis pour être consacrés aux dieux et servir ainsi plus ou moins de fétiches étaient à ce titre, et comme tous les ἀναθήματα, sous l'égide de la loi; mais un problème éthique, que dans l'antiquité gréco-romaine, même les Stoïciens n'abordent point, est celui des devoirs de l'homme envers les êtres inférieurs, mais sensibles, comme lui, à la douleur.

Au contraire, vous n'avez qu'à jeter les yeux sur la table des matières de ce volume pour voir que, dès les premiers siècles de l'histoire de l'Église, le nouvel esprit qui animait le monde se manifesta dans ce domaine spécial de la charité. Et depuis lors, c'est toujours chez les hommes attachés à l'Église qu'il se manifeste, tandis que dans les milieux hostiles ou indifférents à l'Église il faut descendre jusqu'à Montaigne pour en trouver un exemple bien caractérisé. Et depuis Montaigne, il faut venir jusqu'à la seconde moitié du siècle dernier, pour apercevoir, en dehors du Christianisme, quelque affirmation d'une loi de la pitié envers le monde inférieur à nous.

Montaigne, à la vérité, s'exprime sur ce

point en termes très forts et pleins de sens comme de sensibilité :

« Ie ne prends gueres bestes en vie, à qui « ie ne redonne les champs.... Les naturels « sanguinaires à l'endroict des bestes tes- « moignent une propension naturelle à la « cruauté. Aprez qu'on se feut apprivoisé à « Rome aux spectacles de meurtres des ani- « maulx, on veint aux hommes et aux gla- « diateurs.... Et, à fin qu'on ne se mocque « de cette sympathie que i'ay avecques elles, « la theologie mesme nous ordonne quelque « faveur en leur endroict; et, considerant « qu'un mesme maistre nous a logez en ce « palais pour son service, et qu'elles sont, « comme nous, de sa famille, elle a raison de « nous enioindre quelque respect et affection « envers elles. »

Et Montaigne termine par ce trait charmant : — « Ie ne crains point à dire la ten- « dresse de ma nature, si puerile que ie ne « puis pas bien refuser à mon chien la feste « qu'il m'offre hors de saison, ou qu'il me « demande.... »

Seulement, Montaigne, lorsqu'il cite à l'appui de ses sentiments le culte rendu par les païens à certains animaux dont ils avaient une superstitieuse terreur, oublie que le culte n'est pas, ici, de la sympathie, pas plus que la terreur n'est de la pitié. Plus noble infiniment est le sentiment de l'homme parvenu à la conquête du monde et à la domination des animaux, qui se penche sur eux pour les soulager, et qui leur donne non une place sur les autels, ce qui n'indique chez lui que *la peur*, mais bien à ses côtés, dans sa maison, ce qui indique de *la charité*. Et combien plus délicat est le sentiment chrétien qui voit en ces êtres inférieurs non des dieux, mais des créatures de Dieu, faites, elles aussi, pour témoigner, selon le langage de leurs formes et de leur beauté, la gloire du Créateur!

C'est ce que signifie, par exemple, cette admirable légende des *Vite di Santi Padri*, où Fra Domenico Cavalca raconte « comment saint Paul fut révélé à saint Antoine et comment saint Antoine le trouva ». — Saint Paul avait cent treize ans, et menait une vie quasi céleste sur la terre. Saint Antoine, qui n'était point fort jeune, résolut de l'aller trouver dans son ermitage. Et il marchait depuis longtemps dans le désert, inquiet, désorienté, quand, levant les yeux, il vit un animal qui paraissait moitié homme et moitié cheval (que les poètes nomment centaure). Le voyant, il fit le signe de la croix et lui dit : « Dans quel endroit habite ce serviteur de Dieu que je m'en vais cherchant ? »

Alors ce centaure, comme ce fut la volonté de Dieu, comprenant Antoine et étendant la main droite vers une route et parlant comme il pouvait, en bredouillant confusément, montra à Antoine la route qu'il devait suivre. Et, cela fait, subitement il commença de courir vers la lande et disparut.... Et, allant ainsi, Antoine parvint à une vallée très pierreuse, et, là, il vit comme la forme d'un homme petit, avec le nez tordu et long et des cornes sur le front et des pieds comme ceux d'une chèvre; et Antoine, s'épouvantant de toutes ces choses, s'arma du signe de la croix et, incontinent, l'animal, en signe de paix et de sécurité, lui offrit des dattes. Alors Antoine, prenant confiance, lui demanda qui il était, et l'autre répondit : « Je suis une créature mortelle et une de celles qui errent par le désert et que les païens abusés par diverses erreurs adorent comme des dieux et appellent satyres. Je suis l'envoyé de ma famille, et nous te demandons de prier pour nous notre Seigneur à tous, que nous savons être venu pour le salut du monde.... » Antoine, à ces paroles, commença de ressentir une grande joie, et, s'émerveillant que cet animal pût comprendre sa langue et la parler, il planta son bâton en terre et s'écria : « Malheur à toi, Alexandrie, qui à la place de Dieu, adores les idoles et les bêtes ! Que diras-tu pour ton excuse? Voici que les bêtes mêmes confessent le Christ [1]. »

C'est la pensée qui anima le Moyen Age : les animaux, comme toutes les créatures, célèbrent la gloire du Seigneur et par conséquent doivent être représentés dans l'art sous les formes les plus gracieuses, et doivent être respectés dans la vie. C'est ainsi qu'aux époques de foi, où le Darwinisme n'avait pas encore enseigné la compaternité des hommes et des bêtes, on exerçait envers celles-ci la charité naturelle, due à toute créature. Mais depuis que la science se plaît

1. *Vite di Santi Padri, tratte dal volgarizzamento di F. Domenico Cavalca, con note del Prof. C. Gargiolli.*

à voir en elles des ancêtres de l'homme, on les écorche et on les découpe vives pour les étudier. Les philosophes aussi ont été de terribles compagnons pour les animaux. Malebranche battait sa chienne en toute sécurité de conscience, car il s'était persuadé qu'elle ne sentait rien et que, si l'on entendait des cris, ce n'était là que l'effet de l'air poussé à travers ses voies respiratoires et non l'effet de la douleur. Les artistes, eux, sont de plus aimables camarades. Aussi est-ce dans leurs œuvres que j'ai d'abord aperçu la pitié envers les animaux. Déjà, en les observant, j'avais cru deviner ce que les textes recueillis dans ce volume établissent si bien, à savoir, que le Christianisme nous enseigne d'épargner la douleur aux créatures même inférieures. Quand je dis « même inférieures », on pourrait dire « surtout inférieures ». Car, quand il s'agit des autres, nous voyons le rôle de la douleur pour les conduire aux Béatitudes. Mais, quand il s'agit des êtres inférieurs, le Christianisme nous montre qu'il les faut épargner en raison même de leur infériorité.

ROBERT DE LA SIZERANNE.

Nous tenons à mentionner et à remercier les auteurs, propriétaires d'ouvrages, directeurs de publications et éditeurs qui ont gracieusement autorisé nos emprunts : —

Son Ém. le Cardinal Capecelatro,

Mgr le Révérendissime Abbé du Mont-Cassin,

Mgrs Landsteiner, Moyes,

Les RR. PP. Lescher, Neville,

Mmes Ozanam-Laporte, Abel Ram,

MM. Ernest Bell, Benziger et Cie, Bloud et Barral, l'Hon. Stephen Coleridge, le Vicomte de Meaux, Victor Retaux, Arthur Thomas.

TABLE DES MATIÈRES

L'ÉGLISE

ET

LA PITIÉ ENVERS LES ANIMAUX

NÉMÉSIUS[1],

ÉVÊQUE D'ÉMÈSE,

SUR

la cruauté envers les animaux.

PATROLOGIÆ CURSUS COMPLETUS,... ACCURANTE J.-P. MIGNE,... PATROLOGIÆ GRÆCÆ TOMUS XL.... PATRES ÆGYPTII SÆCULI IV; ALII.... 1858

***

NEMESII, EPISCOPI EMESÆ, DE NATURA HOMINIS.

ΚΕΦ. Α.

***

...Ἄρχοντος δὲ ἔργον, πρὸς μέτρον χρείας τοῖς ἀρχομένοις κεχρῆσθαι, καὶ μὴ πρὸς ἡδυπάθειαν ἀκολάστως ἐξυβρίζειν, μηδὲ φορτικῶς καὶ ἐπαχθῶς προσφέρεσθαι τοῖς ἀρχομένοις. Ἁμαρτάνουσι τοίνυν, ὅσοι τοῖς ἀλόγοις οὐκ εὖ κέχρηνται. Οὐ γὰρ ποιοῦσιν ἄρχοντος ἔρ-

CAP. I.

***

... Officium autem ejus, qui imperat, est, pro modo suæ inopiæ uti iis, quibus imperet; neque intemperanter et contumeliose ad luxum abuti, aut iis gravem esse atque molestum. Ergo in vitio sunt, qui bestiis non recte utun-

1. V. note 1.

γον, οὐδὲ δικαίου · κατὰ τὸ γεγραμμένον · Δίκαιος οἰκτείρει ψυχὰς κτηνῶν αὐτοῦ....

tur. Non enim imperantis, aut omnino justi hominis munere funguntur, quando, ut traditur divinis Litteris; justus miseretur animarum jumentorum suorum....

LES « ACTES DE S. BLAISE »
PUBLIÉS PAR LES BOLLANDISTES
SUR
la guérison miraculeuse d'animaux sauvages par S. Blaise, Évêque et Martyr.

ACTA SANCTORUM... EDITIO NOVISSIMA CUM ANIMADVERSIONIBUS EX TEMPORALIBUS D. PAPEBROCHII NUNC PRIMUM EX MSS EDITIS CURANTE JOANNE CARNANDET... FEBRUARII TOMUS PRIMUS... PARISIIS...

***

DE SANCTIS MARTYRIS SEBASTENIS, BLASIO EP. II PUERIS, VII MULIERIBUS,

***

PRIMA ACTA... *ex vetustissimis MSS. et Bon. Mombr.*

***

S. Blasii Comprehensio. curationes hominum ac brutorum.

***

...Videntes ergo irreprehensibilem ejus vitam hi qui in Sebastea Cappadociæ civitate fideles existebant, elegerunt sibi eum in Episcopum. Ipse vero pergens in montem qui vocatur Argei, habitavit ibi in quadam spelunca : et concurrebant ad eum agrestes feræ. Et si forsitan contigisset quocumque dolore teneri qualemvis ex eis, tamquam intellectuales concurrebant ad eumdem Sanctum in speluncam, et usque dum imponeret manus eis, benedicens eas non recedebant ab eo.

In illis itaque diebus jussit Agricolaus Præses congregari agrestes feras. Egredientes autem

2.

bestiarum comprehensores, venerunt in montem, in quo degebat S. Blasius Episcopus. Et videntes speluncam, et multitudinem bestiarum adstantium ante eum consternantes se ad invicem, et admirati dixerunt : Quid hoc vult esse? appropiantes autem viri illi ad speluncam, invenerunt B. Blasium orationem suam facientem. Et reversi nuntiaverunt Præsidi ea quæ viderant. Audiens autem Præses jussit plures milites cum illis pergere ut quantos invenirent illic esse absconsos Christianos sibi præsentarent....

LA « VIE DE S. MACAIRE D'ALEXANDRIE »

PUBLIÉE PAR LES BOLLANDISTES
SUR
un miracle opéré par S. Macaire d'Alexandrie, Abbé, en faveur d'une bête féroce.

ACTA SANCTORUM... EDITIO NOVISSIMA, CURANTE JOANNE CARNANDET... JANUARII TOMUS PRIMUS... PARISIIS...

***

DE S. MACARIO ALEXANDRINO ABBATE.

***

VITA EX VITIS PP. COLLECTA.

***

Narravit autem nobis Dei quoque servus Paphnutius, præclari hujus Sancti discipulus, quod cum quodam die sederet in aula S. Macarius, et Deum alloqueretur, hyæna[1] acceptum suum catulum, qui erat cæcus, attulit ad S. Macarium : et cum capite pulsasset ostium aulæ, ingressa est, eo adhuc sedente, et projecit catulum ad ejus pedes. Cum autem accepisset catulum S. Macarius, et spuisset in ejus oculos, oravit, et statim vidit. Et cum mater eum lactasset, et accepisset, ita exiit. Die autem sequenti pellem magnæ ovis attulit ad S. Macarium : et cum Sanctus vidisset pellem, hæc dixit hyænæ : Undenam hanc habuisses, nisi ovem alicujus devorasses ? Quod ergo proficiscitur ab

1. V. note 2.

injuria, ego a te non accipio. Hyæna autem humi inclinato capite genu flectebat ad pedes Sancti, et ponebat pellem. Ipse autem ei dicebat : Dixi me non accepturum, nisi juraveris te non amplius offensuram pauperes, comedendo eorum oves. Illa vero ad hoc quoque capite suo annuit, ut quæ Sancto assentiretur Macario. Tunc accepit pellem ab hyæna. Beata autem Christi ancilla Melania dixit mihi, se illam pellem accepisse a Macario illo, quod appellabatur munus hyænæ. Quid vero mirum est apud viros mundo crucifixos, si hyæna beneficio affecta, ad Dei gloriam, et honorem servorum ejus, id sentiens ad eum munera attulerit? Nam qui in Daniele Propheta mansuefecit leonis, huic quoque hyænæ largitus est intelligentiam.

LES « DIALOGUES »
DE
S. SULPICE SÉVÈRE[1],
SUR
les rapports que de saints ascètes en Égypte entretenaient avec des bêtes féroces.

PATROLOGIÆ CURSUS COMPLETUS... ACCURANTE J.-P. MIGNE,... PATROLOGIÆ TOMUS XX.... PARISIIS,... 1845.

***

SULPICII SEVERI DIALOGI.

***

DIALOGUS I.

***

XIV. Alium æque singularem virum vidimus, parvo tugurio, in quo non nisi unus recipi posset, habitantem. De hoc illud ferebatur, quod lupa ei solita erat astare cœnanti, nec facile umquam bestia falleretur, quin illi ad legitimam horam refectionis occurreret, et tamdiu pro foribus exspectaret, donec ille panem qui cœnulæ superfuisset, offerret : illam manum ejus lambere solitam : atque ita quasi impleto officio et præstita consolatione discedere. Sed forte accidit, ut sanctus ille, dum fratrem qui ad eum venerat deducit abeuntem, diutius abesset, et non nisi sub nocte remearet. Interim bestia ad consuetudinarium illud cœnæ tempus occurrit. Vacuam cellulam, cum familiarem patronum abesse sentiret, in-

1. V. note 3.

gressa, curiosius explòrans, ubinam esset habitator. Casu contigua cum panibus quinque palmicia sportella pendebat : ex his unum præsumit et devorat, deinde perpetrato scelere discedit. Regressus eremita videt sportulam dissolutam, non constante panum numero; damnum rei familiaris intelligit, ac prope limen panis absumpti fragmenta cognoscit; sed non erat incerta suspicio, quæ furtum persona fecisset. Ergo cum sequentibus diebus secundum consuetudinem bestia non venisset (nimirum audacis facti conscia, ad eum venire dissimulans, cui fecisset injuriam), ægre patiebatur eremita, se alumnæ solatio destitutum. Postremo illius oratione revocata, septimum post diem adfuit, ut solebat ante, cœnanti. Sed (ut facile cerneres verecundiam pœnitentis) non ausa propius accedere, dejectis in terram profundo pudore luminibus (quod palam licebat intelligi) quamdam veniam precabatur. Quam illius confusionem eremita miseratus, jubet eam propius accedere, ac manu blanda caput triste permulcet : dein pane duplicato ream suam reficit. Ita indulgentiam consecuta, officii consuetudinem deposito mœrore reparavit. Intuemini, quæso, Christi etiam in hac parte virtutem, cui sapit omne quod brutum est, cui mite est omne quod sævit. Lupa præstat officium, lupa furti crimen agnoscit, lupa conscio pudore confunditur : vocata adest, caput præbet, et habet sensum indultæ sibi veniæ, sicut pudorem gessit errati. Tua hæc virtus, Christe; tua sunt hæc, Christe, miracula : etenim quæ in tuo nomine operantur servi tui, tua sunt : et in hoc ingemiscemus, quod majestatem tuam feræ sentiunt, homines non verentur.

XV. Ne cui autem hoc incredibile forte videatur, majora memorabo. Fides Christi adest, me nihil fingere, neque incertis auctoribus vulgata narrare : sed quæ mihi per fideles viros comperta sunt, explicabo. Habitant plerique in eremo sine ullis tabernaculis, quos Anachoretas vocant : vivunt herbarum radicibus : nullo umquam certo loco consistunt, ne ab hominibus frequententur ; quas nox coegerit, sedes habent. Ad quemdam igitur hoc ritu atque hac lege viventem duo ex Nitria monachi, licet longe diversa regione, tamen quia olim ipsis in monasterii conversatione charus et familiaris fuisset, auditis ejus virtutibus tetenderunt : quem diu multumque quæsitum, tandem mense septimo repererunt in extremo illo deserto quod est *Blembis* contiguum, demorantem : quas ille solitudines jam per annos duodecim dicebatur habitare. Qui licet omnium hominum vitaret occursus, tamen agnitos non refugit, seque charissimis per triduum non negavit. Quarto die aliquantulum progressus, cum prosequeretur abeuntes, leænam miræ magnitudinis ad se venire conspiciunt. Bestia, licet tribus repertis, non incerta quem peteret, anachoretæ pedibus advolvitur, et cum fletu quodam et lamentatione procumbens indicabat gementis pariter et rogantis affectum. Movit omnes, et præcipue illum qui se intellexerat expetitum. Præcedentem sequuntur : nam præiens, et subinde restitans subindeque respectans, facile poterat intelligi, id eam velle, ut quo illa ducebat, anachoreta sequeretur. Quid multis? ad speluncam bestiæ pervenitur, ubi illa adultos jam quinque catulos male feta nutriebat : qui ut clausis luminibus ex alvo matris exierant, cæcitate perpetua tenebantur; quos singulos de rupe prolatos ante anachoretæ pedes mater exposuit. Tum demum Sanctus animadvertit quid bestia postularet, invocatoque Dei nomine, contrectavit manu lumina clausa catulorum : ac statim cæcitate depulsa, apertis oculis bestiarum diu negata lux patuit. Ita fratres illi, anachoreta quem desiderabant visitato, cum admodum fructuosa laboris sui mercede redierunt : qui in testimonium tantæ virtutis admissi, fidem Sancti et gloriam Christi, quæ per ipsos esset testificanda, vidissent....

S. ADAMNAN

SUR

un miracle miséricordieux de S. Colomba, l'apôtre de l'Écosse.

ACTA SANCTORUM... EDITIO NOVISSIMA, CURANTE JOANNE CARNANDET... JUNII TOMUS SECUNDUS... PARISIIS ET ROMÆ... 1867

***

DE SANCTO COLUMBA PRESBYTERO ABBATE, IN IONA SCOTIÆ INSULA.

***

VITA PROLIXIOR Auctore S. Adamnano Abbate.

***

... Alio in tempore quidam Frater, nomine Molua nepos Briuni, ad Sanctum eadem scribentem hora veniens, dicit ad eum : Hoc quod in manu habeo ferrum, quæso benedicas. Qui paululum extensa manu sancta cum calamo signans benedixit, ad librum de quo scribebat facie conversa. Quo videlicet supradicto Fratre, cum ferro benedicto recedente, Sanctus percunctatur dicens : Quod Fratri ferrum benedixi? Diermitius, pius ejus ministrator, Pugionem, ait, ad jugulandos boves vel tauros, benedixisti. Qui e contra respondens infit : Ferrum, quod benedixi, confido in Domino meo, quia nec homini, nec pecori nocebit. Quod Sancti firmissimum eadem hora comprobatum est verbum. Nam idem Frater, vallum egressus monasterii, bovem jugulare volens, tribus firmis vicibus, et forti impulsione conatus, nec tamen potuit ejus transfigere pellem. Quod Monachi scientes experti, ejusdem pugionis ferrum, ignis resolutum calore, per omnia monasterii ferramenta, liquefactum diviserunt in linitum ; nec postea ullam potuere carnem vulnerare, illius Sancti manente benedictionis fortitudine.

LA « VIE DE S. GUTHLAC »
PUBLIÉE PAR LES BOLLANDISTES
SUR
les rapports de S. Guthlac avec les animaux sauvages.

ACTA SANCTORUM... EDITIO NOVISSIMA CURANTE JOANNE CARNANDET... APRILIS TOMUS SECUNDUS... PARISIIS ET ROMÆ... 1866

***

DE S. GUTHLACO PRESBYTERO, ANACHORETA CROYLANDIÆ IN ANGLIA.

***

VITA **Auctore Felice coævo.**

***

24 Erant igitur in supradicta insula duo alites corvi, quorum infesta nequitia fuit : ita ut quidquid frangere, mergere, diripere, rapere, contaminare potuissent, sine ullius rei reverentia perderent. Nam veluti, cum familiaribus aucis intrantes domum, omnia quæcumque intus forisque invenissent, veluti improbi prædones rapiebant. Supramemoratus autem Dei famulus, varias eorum injurias perferens, longanimiter pio pectore suffcrebat; ut non solum in hominibus exemplum patientiæ ipsius ostenderetur, sed etiam in volucribus et in feris manifesta esset. Erga enim omnia eximiæ caritatis ipsius gratia abundabat, intantum ut incultæ solitudinis volucres et vagabundi

cœnosæ paludis pisces, ad vocem ipsius, veluti ad pastorem, ocius natantes volantesque devenirent : de manu enim illius victum, prout uniuscujusque natura indigebat, vesci solebant....

LA « VIE DE S. ANSELME »

PUBLIÉE PAR LES BOLLANDISTES

SUR

la compassion de S. Anselme, Primat et Docteur de l'Église, pour les animaux souffrants.

ACTA SANCTORUM... EDITIO NOVISSIMA CURANTE JOANNE CARNANDET... APRILIS TOMUS SECUNDUS... PARISIIS ET ROMÆ... 1866

***

DE SANCTO ANSELMO ARCHIEPISCOPO CANTUARIENSI IN ANGLIA.

***

VITA **Auctore Eadmero sive Edmero, monacho Cantuariensi, ejus in Archiepiscopatu inindividuo comite.**

***

Discendente autem Anselmo a curia, et ad villam suam nomine Heysem, properante, pueri, quos nutriebat, leporem sibi occursantem in via canibus insecuti sunt, et fugitantem infra pedes equi, quem Pater ipse insedebat, subsidentem consecuti sunt. Ille sciens, miseram bestiam sibi sub se refugio consuluisse, retentis habenis, equum loco fixit, nec cupitum bestiæ voluit præsidium denegare : quam canes circumdantes, et haud grato obsequio hinc inde lingentes, nec de sub equo poterant ejicere, nec in aliquo lædere. Quod videntes, admirati sumus. At Anselmus, ubi quosdam ex equitibus adspexit ridere, et quasi pro capta bestia lætitiæ fræna laxare, solutus in lacrymas, ait : Ridetis? Et utique infelici huic nullus risus, lætitia nulla est.... Quibus dictis, laxato fræno, in iter rediit, bestiam ultra persequi clara voce canibus interdicens. Tunc illa ab omni læsione immunis, exultans præpeti cursu, campos silvasque revisit : nos vero depositis jocis, sed non modice alacres effecti de tam pia liberatione pavidi animalis, cœpto itinere, viam detrivimus.

Alia vice conspexit puerum cum avicula in via ludentem. Quæ avis pedem filo innexum habens, sæpe, cum laxius ire permittebatur, fuga sibi consulere cupiens, avolare nitebatur. At puer filum manu tenens, retractam usque ad se dejiciebat : et hoc ingens gaudium illi erat. Factum est id frequentius. Quod Pater aspiciens, miser condoluit avi, ac ut rupto filo libertati redderetur, optavit. Et ecce filum rumpitur, avis avolat, puer plorat, Pater exultat....

LA « VIE DE S. BARTHÉLEMY DE FARNE »

PUBLIÉE PAR LES BOLLANDISTES

SUR

un trait de compassion de S. Barthélemy de Farne.

ACTA SANCTORUM... EDITIO NOVISSIMA, CURANTE JOANNE CARNANDET... JUNII TOMUS QUINTUS... PARISIIS ET ROMÆ... 1867

***

DE S. BARTHOLOMÆO EREMITA IN FARNE ANGLIÆ INSULA

***

VITA **Auctore coævo, G. Monacho, forsan Galfrido.**

***

30 Hanc vero insulam vetusta longævitas quasdam perhibet aves incolere, quarum cum miraculo et nomen perseverat et genus. Tempore nidificationis ibi conveniunt, tantæque mansuetudinis gratiam a loci sanctitate, vel potius ab his qui locum in sua sanctificarunt conversatione, mox impetrant, ut humanos contactus et obtutus non abhorreant : quietem amant, et tamen strepitu non deterrentur....

31 Quodam autem tempore, dum quædam pullos suos ipsa præeunte duceret, unus ex eis in rimosæ rupis barathrum incidit : mater vero substitit tristior, et humanæ rationis habitum nemo tunc dubitat induisse. Confestim enim reversa, relictis ibi filiis, ad Bartholomæum venit, et oram pallii sui rostro trahere cœpit; acsi aperte

diceret, Surge et sequere me, et filium meum mihi redde. Cui ille ocius assurgit, credens quod sub ipso nidum quæreret. Illa vero magis ac magis trahente, animadvertit tandem eam aliquid petere, quod significatione vocis non noverat expedire : erat siquidem perita opere, quæ fuerat imperita sermone. Præcedit igitur illa, illeque subsequitur ; veniensque ad rupem rostro locum ostendit, et Bartholomæum intuita, quo potuit indicio, ut introspiceret innuit. Qui accedens, videt pullum in rupe pennulis hærentem, descendensque matri restituit. Quo illa plurimum dilectata, lætiore vultu putabatur gratias agere. Aquas ergo cum filiis ingreditur, et Bartholomæus stupore repletus ad oratorium suum regreditur. Ita quoque omni tempore Dominus virtutum gratiam in Sanctis suis temperat, ut nonnumquam ex minimis rebus amplioris gratiæ titulus accrescat.

LA « VIE DE S. BERNARD »

PAR

GEOFFROY, ABBÉ DE CLAIRVAUX,

SUR

la compassion de S. Bernard, Père et Docteur de l'Église, pour les animaux.

ACTA SANCTORUM... EDITIO NOVISSIMA, CURANTE JOANNE CARNANDET... AUGUSTI TOMUS QUARTUS... PARISIIS ET ROMÆ... 1867

***

DE SANCTO BERNARDO CONFESSORE, PRIMO CLARAVALLENSI ABBATE, PATRE AC DOCTORE ECCLESIÆ,...

***

VITA

Quam Mabillonius occasione Operum S. Bernardi, anno MDCXC *Parisiis a se vulgatorum, volumine II, a columna 1061 post Opera supposititia et aliena edidit.*

***

LIBER TERTIUS,

Auctore Gaufrido, Monacho quondam Claravallensi, et S. Bernardi notario; postea Claravallensi abbate.

***

... Cujus tanta erat humanitas, ut non modo hominibus, sed irrationabilibus etiam animantibus, avibus compateretur et feris : nec compatienti deerat virtutis effectus. Contigit enim aliquoties, ut iter agens, fugientem, et (ut videbatur) protinus capiendum vel lepusculum a canibus, vel aviculam ab accipitribus, signo crucis edito mirabiliter liberaret, diceretque sequentibus, frustra sese conari, nec ullatenus, se præsente, ejusmodi exercere posse rapinam.

3.

S. BONAVENTURE,

« LE DOCTEUR SÉRAPHIQUE »,

SUR

la compassion et l'affection de S. François d'Assise pour les animaux.

ACTA SANCTORUM... EDITIO NOVISSIMA, CURANTE JOANNE CARNANDET... OCTOBRIS TOMUS SECUNDUS... PARISIIS ET ROMÆ... 1866

***

DE S. FRANCISCO CONFESSORE FUNDATORE ORDINIS MINORUM ASSISII IN UMBRIA

***

VITA ALTERA **Auctore S. Bonaventura...** *Ex editione Sedulii, collata cum editione Suriana, Romana, Waddingiana et codice nostro Ms.*

***

CAPUT VIII.... *De pietatis adfectu, et quomodo ratione carentia adfici videbantur ad ipsum.*

***

109 Consideratione quoque primæ originis omnium abundantiori pietate repletus, creaturas, quantumlibet parvas, Fratris vel Sororis appellabat nominibus; pro eo, quod sciebat, eas unum secum habere principium. Illas tamen viscerosius complexabatur et dulcius, quæ Christi mansuetudinem piam similitudine naturali prætendunt, et Scripturæ significatione figurant. Redemit frequenter agnos, qui ducebantur ad mortem, illius memor Agni mitissimi, qui ad occisionem duci voluit pro peccatoribus redimendis....

***

113 Alio quoque tempore apud Græcium vivus Viro Dei oblatus fuit lepusculus; qui liber in terra positus, cum posset, quo vellet, effugere, vocante se Patre benigno, in sinum illius propero cursu saltavit. Quem ipse pio cordis affectu circumfovens, videbatur eidem compati quasi mater; dulcique allocutione commonitum, ne se iterum capi permitteret, liberum abire permisit. Cumque pluries in terra positus, ut abscederet, semper in sinum Patris rediret (tamquam si sensu quodam occulto cordis ipsius perciperet pietatem) tandem jussu Patris a fratribus delatus est ad loca solitudinis tutiora. Modo quoque consimili in insula lacus Perusini cuniculus quidam captus, et Viro Dei oblatus, cum ceteros fugeret, manibus ejus et sinui se domestica securitate commisit.

S. THOMAS D'AQUIN,

« LE DOCTEUR ANGÉLIQUE »,

SUR

l'humanité envers les animaux prescrite par la Loi de Moïse.

S. THOMÆ AQUINATIS O. P. DOCTORIS ANGELICI ET OMNIUM SCHOLARUM CATHOLICARUM PATRONI SUMMA THEOLOGICA... EDITIO EMINENTISSIMO CARDINALI JOSEPHO PECCI OBLATA... TOMUS SECUNDUS CONTINENS PRIMAM SECUNDÆ... PARISIIS MDCCCLXXXVII...

***

QUÆSTIO CII

***

... Quantum vero ad effectum passionis, movetur affectus hominis etiam circa alia animalia; quia enim passio misericordiæ consurgit ex afflictionibus aliorum, contingit autem etiam bruta animalia pœnas sentire, potest in homine consurgere misericordiæ affectus etiam circa afflictiones animalium. Proximum autem est ut qui exercetur in affectu misericordiæ circa animalia, magis ex hoc disponatur ad affectum misericordiæ circa homines; unde dicitur Prov. 12, 10 : *Novit justus animas jumentorum suorum; viscera autem impiorum crudelia.* Et ideo, ut Dominus populum judaicum ad crudelitatem pronum, ad misericordiam revocaret, voluit eos exercere ad misericordiam etiam circa bruta animalia, prohibens quædam circa animalia fieri quæ ad crudelitatem quamdam pertinere videntur. Et ideo prohibuit *ne coqueretur hœdus in lacte matris*, et quod *non alligaretur os bovi trituranti, et quod non occideretur mater cum filiis....*

LA BULLE « DE SALUTE GREGIS »

DE

S. PIE V

SUR

les courses de taureaux.

BULLARIVM SIUE COLLECTIO DIUERSARUM CONSTITUTIONUM MULTORUM PONTIF. A GREGORIO SEPTIMO, USQUE AD S. D. N. SIXTUM QUINTUM PONTIFICEM OPT. MAX.... *D. Laertii Cherubini de Nursia Iurisconsulti*.... ROMÆ,... M.D.LXXXVI.... CUM PRIVILEGIO.

***

Prohibitio agitationis Taurorum, et aliarum bestiarum, et annullatio votorum et iuramentorum de huiusmodi agitatione factorum.

***

PIVS Episcopus seruus seruorum Dei, ad perpetuam rei memoriam.

DE salute gregis Dominici nostræ curæ diuina dispensatione crediti, prout ex debito pastoralis officii astringimur, solicite cogitantes, fideles cunctos gregis eiusdem, ab imminentibus corporum periculis etiam animarum pernicie perpetuo arcere studemus. Sane licet detestabilis Duellorum vsus a diabolo introductus, vt cruenta corporum morte animarum etiam perniciem lucretur, ex decreto Concilii Tridentini prohibitus fuerit, nihilominus adhuc in plerisque Ciuitatibus, et aliis locis, quamplurimi ad ostentationem virium suarum et audaciæ, in publicis priuatisque spectaculis, cum

Tauris, et aliis feris bestiis congredi non cessant, vnde etiam hominum mortes, membrorum mutilationes, animarumque pericula frequenter oriuntur. Nos igitur considerantes hæc spectacula, ubi Tauri, et Feræ in circo vel foro agitantur, a pietate, et charitate Christiana aliena esse, ac volentes hæc cruenta turpiaque dæmonum, et non hominum spectacula aboleri, et animarum saluti quantum cum Deo possumus prouidere, Omnibus et singulis Principibus Christianis quacunque tam ecclesiastica, quàm mundana etiam Imperiali, Regia, vel quauis alia dignitate fulgentibus, quouis nomine nuncupentur, vel quibusuis Communitatibus et Rebuspublicis, hac perpetuo nostra Constitutione valitura sub excommunicationis, et anathematis pœnis ipso facto incurrendis, prohibemus et interdicimus, ne in suis Prouinciis, Ciuitatibus, Terris, Oppidis et locis, huiusmodi spectacula, vbi Taurorum aliarumque Ferarum bestiarum, agitationes exercentur, fieri permittant. Militibus quoque cæterisque aliis personis, ne cum Tauris et aliis bestiis in præfatis spectaculis, ipsi tam pedestres, quàm equestres congredi audeant, interdicimus. Quod si quis eorum ibi mortuus fuerit, ecclesiastica careat sepultura. Clericis quoque tam regularibus, quam sæcularibus beneficia ecclesiastica obtinentibus, vel in sacris ordinibus constitutis, sub excommunicationis pœna ne eisdem spectaculis intersint, similiter prohibemus. Omnesque obligationes, iuramenta et vota, a quibusuis personis, Vniuersitate vel Collegio de huiusmodi Taurorum agitatione, etiam vt ipsi falso arbitrantur, in honorem Sanctorum, seu quarumuis ecclesiasticarum solennitatum, et festiuitatum, quæ diuinis laudibus, spiritualibus gaudiis, piisque operibus, non huiusmodi ludis celebrari, et honorari debent, hactenus factas, et facta, seu in futurum fienda, quæ, et quas omnino prohibemus, cassamus et annullamus, ac pro cassis, nullis, et irritis haberi perpetuo decernimus atque declaramus. Mandamus autem omnibus Principibus, Comitibus, et Baronibus, Sanctæ Romanæ Ecclesiæ feudatariis, sub pœna priuationis feudorum, quæ ab ipsa ecclesia Romana obtinent, Reliquos vero Principes Christianos, et Terrarum dominos prædictos hortamur in Domino, et in uirtute sanctæ obedientiæ mandamus, vt pro diuini nominis reuerentia et honore præmissa omnia in suis dominiis, ac terris huiusmodi exactissime seruari faciant, vberrimam ab ipso Deo mercedem tam boni operis recepturi; ac vniuersis venerabilibus fratribus Patriarchis, Primatibus, Archiepiscopis, et Episcopis, aliisque locorum ordinariis, in virtute sanctæ obedientiæ, sub obtestatione diuini iudicii, et interminatione maledictionis æternæ, quatenus in Ciuitatibus, et diœc. propriis præsentes nostras literas sufficienter publicari faciant, et præmissa etiam sub pœnis, et censuris ecclesiasticis obseruari procurent. Non obstantibus quibusuis constitutionibus, et ordinationibus Apostolicis, ac exemptionibus, priuilegiis, indultis, facultatibus, et literis Apostolicis, quibusuis personis cuiuscunque qualitatis, et conditionis existentibus, sub quibuscumque tenoribus, et formis, ac cum quibusuis etiam derogatoriarum derogatoriis, aliisque efficacioribus, et insolitis clausulis, necnon irritantibus, et aliis decretis in genere, vel in specie, etiam Motu proprio, ac alias quomodolibet concessis, approbatis, et innouatis, quibus illorum tenores præsentibus pro expressis habentes, specialiter et expresse derogamus, cæterisque contrariis quibuscunque. Volumus autem quod præsentes literæ in Cancellaria nostra apostolica, et acie Campi Floræ de more publicentur, et inter constitutiones perpetuo valituras describantur, et earum transumptis etiã impressis manu alicuius Notarii publici subscriptis, et sigillo alicuius Prælati munitis eadem prorsus fides ubiq; adhibeatur, quæ eisdem præsentibus adhiberetur, si forent exhibitæ, vel ostensæ. Nulli ergo omnino hominum liceat hanc paginam nostræ prohibitionis, interdicti, cassationis, annullationis, decreti, declarationis, mandati, hortationis, derogationis, et voluntatis infringere, vel ei ausu temerario contraire.

Si quis autem hoc attentare præsumpserit, indignationem omnipotentis Dei, ac beatorum Petri et Pauli Apostolorum eius se nouerit incursurum.

Datum Romæ apud Sanctum Petrum Anno Incarnationis Dominicæ millesimo quingentesimo sexagesimo septimo, Cal. Nouembris, Pontificatus Nostri Anno Secundo.

CORNELIUS A LAPIDE,

DE LA COMPAGNIE DE JÉSUS,

LE FAMEUX COMMENTATEUR DE LA BIBLE,

SUR

Proverbes XII, 10, Ecclésiastique VII, 24, et Romains VIII, 19-21.

COMMENTARIA IN SCRIPTURAM SACRAM R. P. CORNELII A LAPIDE, E SOCIETATE JESU, SANCTÆ SCRIPTURÆ OLIM LOVANII, POSTEA ROMÆ PROFESSORIS, ACCURATE RECOGNOVIT AC NOTIS ILLUSTRAVIT AUGUSTINUS CRAMPON,... TOMUS QUINTUS... IN PROVERBIA SALOMONIS.... PARISIIS,... M DCCC LIX.

***

CAPUT DUODECIMUM.

***

10. NOVIT JUSTUS JUMENTORUM SUORUM ANIMAS : VISCERA AUTEM IMPIORUM CRUDELIA. — ...

***

... Ita S. Chrysostomus, hom. 29 *in epist. ad Rom.* « Sunt enim, ait, Sanctorum animæ vehementer mites et hominum amantes, non solum erga suos, sed etiam alienos, ita ut hanc suam mansuetudinem etiam ad animantia bruta extendant. Propterea et sapiens quidam dixit : Justus miseretur animarum jumentorum suorum. Si ergo jumentorum, multo magis hominum. » Idem Chrysostomus plenius in *Catena Græc.* hunc locum sic explicat : « Quid, ait, audio ? Numquid justus jumentorum suorum animas miseratur ? Utique erga illa quoque magnam humanitatem et clementiam ostendamus opportet, idque cum ob alia, tum ob id maxime, quod ea ratione et occasione illis compati et condolere discamus, qui ejusdem nobiscum sunt generis. Nec enim Deus citra causam in lege præcepit, ut jumentum prolapsum erigamus, et errabundam ovem ad viam reducamus, neque bovis triturantis os obligemus. Vult itaque ut magnam in bruta quoque animantia misericordiam exerceamus.... »

Idcirco ergo Deus Judæis præceperat misereri jumentorum, ut discerent misereri proximorum, ne, si in jumenta essent crudeles, discerent efferari in homines.... Hanc misericordiam Deus sanxit non tantum suo verbo, sed et exemplo. Ipse enim jumentorum curam gerit. Unde illud *Psal.* xxxv, 7 : « Homines et jumenta salvabis, Domine. » Et Christus, ait S. Bernardus, in præsepio positus fuit inter bovem et asinum, ut salvaret homines et jumenta. Et *Psal.* CIII, 14 : « Producens fœnum jumentis. » Et *Psal.* CXLVI, 9 : « Qui dat jumentis escam ipsorum, et pullis corvorum invocantibus eum. » Deum ergo Deique pietatem imitantur, qui in bestias misericordes sunt.

Sic S. Anselmus, ut habet ejus Vita, affectu commiserationis movebatur erga bestias, easque deflebat, cum laqueis venatorum irretitas cerneret....

Præ reliquis sensum hunc pietatis in bestias ostendit S. Franciscus, de quo ita scribit S. Bonaventura, lib. I Vitæ ejus, cap. VIII : « Consideratione primæ originis omnium, abundantiori pietate repletus, creaturas quantumlibet parvas fratris vel sororis appellabat nominibus, pro eo quod sciebat eas unum secum habere principium. Illas tamen viscerosius amplectabatur et dulcius, quæ Christi mansuetudinem piam similitudine naturali prætendunt, et Scripturæ significatione figurant. Redemit frequenter Agnos, qui ducebantur ad mortem, illius memor agni mitissimi, qui ad occisionem duci voluit pro peccatoribus redimendis. » ... Mira sunt quæ addit de cicada, phasiano, falcone, et lupis a viro sancto dilectis et protectis, atque ad Dei laudem invitatis.

COMMENTARIA IN SCRIPTURAM SACRAM R. P. CORNELII A LAPIDE, E SOCIETATE JESU, SANCTÆ SCRIPTURÆ OLIM LOVANII, POSTEA ROMÆ PROFESSORIS.... ACCURATE RECOGNOVIT AC NOTIS ILLUSTRAVIT AUGUSTINUS CRAMPON,... TOMUS NONUS... IN ECCLESIASTICUM.... PARISIIS,... M DCCC LIX.

***

CAPUT SEPTIMUM.

***

24. PECORA TIBI SUNT ? ATTENDE ILLIS. — Græce ἐπισκέπτου αὐτά, id est inspice, intende, visita cura illa; non credas ea per omnia servis : sed tu ipse ea quandoque visita, an debite a famulis tractentur et alantur....

***

Porro tribus de causis eorum curam commendat : *prima* est, quia heri est curare non tantum se, sed et totam familiam, ad quam pertinent et pecora. Rursum benignitas et beneficentia heri se non tantum ad homines, sed ad pecora extendat oportet; sicut enim vitium sævitiæ est nimio labore obruere jumenta, aut negare eis cibum debitum : sic pariter virtus clementiæ est benignum esse in pecora, eisque de pabulo, adaquatione cæterisque commodis statis horis providere, juxta illud *Proverb.* XII, 10 : « Novit (Septuaginta *miseratur*) justus jumentorum suorum animas; viscera autem impiorum crudelia. » In quæ verba S. Chrysostomus, homil. 29 in epist. *ad Romanos* : « Sunt enim, inquit, Sanctorum animæ vehementer mites, et hominum amantes, non solum erga suos, sed etiam alienos; ita ut hanc suam mansuetudinem etiam ad animantia bruta extendant. Idcirco Sapiens dixit : Justus miseretur animarum jumentorum suorum ; si ergo jumentorum, multo magis hominum. »

***

Tertia, quia inhumanitas et sævitia in pecora signum et principium est sævitiæ in homines. Quocirca ex historiis liquet eos, qui crudeles fuere in homines, sævos quoque fuisse in bestias. Ita Nero crudelis delectabatur laniena et carnificina animalium, adeoque ipse sua manu sæpe ea jugulabat, hæcque erat ejus recreatio et voluptas. Domitianus crudelis horas plures per diem vacabat captioni et mactationi muscarum; stylo enim aureo eas configebat, ut nullam vivam relinqueret, unde proverbium : « Ne musca quidem. » ...

COMMENTARIA IN SCRIPTURAM SACRAM R. P. CORNELII A LAPIDE, E SOCIETATE JESU, SANCTÆ SCRIPTURÆ OLIM LOVANII, POSTEA ROMÆ PROFESSORIS.... ACCURATE RECOGNOVIT AC NOTIS ILLUSTRAVIT AUGUSTINUS CRAMPON,... TOMUS DECIMUS OCTAVUS,... PARISIIS, ... M DCCC LVIII.

***

COMMENTARIUS IN EPISTOLAM AD ROMANOS.

***

CAPUT OCTAVUM.

***

19. NAM EXSPECTATIO CREATURÆ REVELATIONEM FILIORUM DEI EXPECTAT. — ...

***

Tertio, et optime *creatura* hic proprie accipitur. Nam, vers. 22, opponitur hominibus et filiis Dei. Ita S. Chrysostomus, Theodoretus, Theophylactus, Œcumenius, Ambrosius, lib. IV *Hexameron;* Hilarius, lib. XII *De Trinit.;* Sotus, Adamus, Pererius et Toletus....

20. VANITATI CREATURA SUBJECTA EST NON VOLENS, SED PROPTER EUM, QUI SUBJECIT EAM IN SPE; — ...

***

In spe, — sub spe liberationis et commutationis in melius in communi hominum rerumque omnium resurrectione et renovatione.

21. CREATURA LIBERABITUR A SERVITUTE CORRUPTIONIS, IN LIBERTATEM GLORIÆ FILIORUM DEI, — ...

***

Tertio et planius, « in libertatem », id est in imitationem, vel ad exemplum libertatis filiorum Dei, ut similem quamdam libertatem, stabilitatem et immortalitatem creaturæ aliæ accipiant. *In* ergo exemplarem, vel etiam finalem causam significat. Ita Pererius et Toletus.

Nota : Libertas gloriæ hoc idem est, quod libertas gloriosa. *Secundo*, libertas hæc non naturæ, nec gratiæ, sed gloriæ, est liberatio ab omni miseria, infirmitate, corruptione, adeoque ab omni malo animi et corporis, culpæ et pœnæ.

LA « THÉOLOGIE MORALE » DE STAPF
SUR
les rapports du Chrétien avec les animaux.

THEOLOGIA MORALIS IN COMPENDIUM REDUCTA AB AMBR. JOS. STAPF, *Theol. mor. et Paedagog. Professore atque Consil. Eccles. Brixin. actuali....* TOMUS II.... EDITIO QUARTA.... OENIPONTI,... 1836.

***

Annotationes speciales de usu animantium.

***

... Deus enim etiam animantia sensu vitae pro illorum modulo jucundae donavit; absit ergo, ut hunc eorum sensum absque omni ratione vulneremus, vel ex mera affectus crudilate dolorem illis et cruciatum inferamus. Tum vero talis animalia torquendi consuetudo semper *indignam animi ferocitatem* supponit. Mens vel mediocriter humana hanc torquendi libidinem refugit, et pia compassione afficitur, ubi misera animantia casu, vel etiam urgente justa ratione graviter afflicta videt. Denique per hanc eandem versus animantia saevitiam *affectus humanitatis magis semper magisque hebetari solet*. Qui in bruta animalia desaevire consuevit, brevi etiam contra homines ferociet, omnisque fraternae commiserationis expers erit. Id quod ipsa experientia abunde confirmatur.

4

Quam pium benignitatis sensum Test. vetus erga animantia spiret, ex compluribus ejusdem locis patet, e. g. Exod. 23, 5. et seq., Deut. 25, 4., Prov. 12, 10., Eccli. 7, 24.

LA « THÉOLOGIE MORALE » DE SCAVINI

SUR

les rapports du Chrétien avec les animaux.

THEOLOGIA MORALIS UNIVERSA AD MENTEM S. ALPHONSI M. DE LIGORIO EPISC. ET DOCTORIS PIO IX PONTIFICI M. DICATA AUCTORE PETRO SCAVINI... EDITIO XIV.... LIBER SECUNDUS... MEDIOLANI... 1890

***

Dominium in animantia. In usu *animantium* duo cavenda (monet Stapf, § 443) : *Indigna affectio* et *inhumana sævities*. Primum creaturæ rationali est indignum : sane carpendi sunt quos certa animalcula ita sibi devincta tenent, ut hæc pluris videntur facere ipsis hominibus. Sed non minus ratio omnem adversus animantia petulantem sævitiem abhorret. Hæc enim divinis consiliis repugnat. « Deus enim etiam animantia sensu vitæ pro illorum modulo jucundæ donavit : absit ergo ut hunc eorum sensum absque omni ratione vulneremus.... Tunc vero talis animalia torquendi consuetudo semper indignam animi ferocitatem supponit : mens enim vel mediocriter humana hanc torquendi libidinem refugit.... Denique per hanc affectus humanitatis magis semper magisque hebetari solent; qui in bruta animalia dæsevire consuevit, brevi etiam contra homines ferociet....

Quem[1] pium benignitatis sensum Testamentum vetus ergo animantia spiret, ex compluribus locis patet : *Exodi* XXIII ; *Deut.* XXV ; *Levit.* XXI; *Eccli.* VII. » Et Prov. XII legitur : *Novit justus jumentorum suorum animas; viscera autem impiorum crudelia....*

1. V. note 4.

« INSTRUCTION PASTORALE ET MANDEMENT »

DE

Mgr BESSON, ÉVÊQUE DE NIMES,

SUR

les combats et les courses de taureaux.

ŒUVRES PASTORALES ET ORATOIRES DE Mgr BESSON ÉVÊQUE DE NIMES, UZÈS ET ALAIS... 3e SÉRIE. — 1883-1887... TOME PREMIER ... PARIS... RETAUX-BRAY, LIBRAIRE-ÉDITEUR... 1887

***

INSTRUCTION PASTORALE ET MANDEMENT SUR LES COMBATS ET LES COURSES DE TAUREAUX

15 août 1885.

Il fut un temps, nos très chers frères, où les évêques étaient écoutés avec l'attention que doit commander leur parole, et obéis avec la docilité et l'empressement qu'impose leur divine mission. Telle fut la consolation de saint Augustin prêchant les bateliers d'Hippone et les populations à demi barbares de Césarée. Pour corriger le peuple d'Hippone de l'abus des festins trop libres, il prit en main le livre des Écritures, il y lut les reproches les plus véhéments, il conjura ses auditeurs par les opprobres, par les douleurs de Jésus-Christ par sa croix, par son sang, de ne point se perdre par de tels excès. Pendant qu'il leur parlait, leurs larmes prévinrent les siennes, il pleura avec eux, et il eut la consolation de voir ce peuple docile et corrigé. Les habitants de Césarée avaient coutume de célébrer des jeux publics dans lesquels ils s'attaquaient les uns les autres avec une indicible fureur, et se poursuivaient l'épée à la main jusqu'à la mort. Augustin entreprit de les dissuader de ce cruel usage. Il parla avec tant de force et de grandeur qu'il excita leurs applaudissements, mais il ne commença à espérer leur conversion qu'en voyant couler leurs larmes. « Quand je les vis couler, dit-il, je crus que cette horrible coutume qu'ils avaient reçue de leurs ancêtres, et qui les tyrannisait depuis si longtemps, serait abolie. Il y a déjà environ huit ans et même plus que ce peuple, par la grâce de Jésus-Christ, n'a rien entrepris de semblable[1]. »

Il y a vingt ans qu'un autre Augustin, d'éloquente et courageuse mémoire, Mgr Plantier notre illustre prédécesseur, s'est élevé contre les combats de taureaux, qui sont la honte de vos mœurs et qui font demander aux étrangers si la ville de Nîmes est réellement une cité chrétienne. Mgr Plantier se déclarait incapable de répondre à ce reproche, il baissait la tête, il se mettait résolument à la tâche pour abolir l'odieuse coutume qui tyrannisait son cher troupeau[2].

On nous disait de lui, en nous citant cette ins-

1. *Epist.* XXIX, *ad Alip.*, V. — Id., *de doctrinâ christ.*, IV, 83.
2. Instruction pastorale publiée en 1866.

truction pastorale qui lui valut les applaudissements de toute la France : « L'évêque a perdu son temps ; les mœurs publiques sont plus fortes que l'éloquence, la raison, l'humanité même ; il faut tolérer ce qu'on ne saurait ni empêcher ni prévenir ; Nîmes demeurera insensible sur ce point à tous les reproches de ses évêques ; prenez-en votre parti, Nîmes gardera à tout jamais ses courses de taureaux. »

On nous disait encore : « il faut distinguer entre les courses et les combats de taureaux. Les courses traditionnelles de nos contrées n'ont rien de dangereux ; les combats espagnols méritent au contraire une sévère censure. Nous amortissons par des bourrelets la fureur des cornes de l'animal ; nos agiles toréadors savent les éviter d'un bond après les avoir légèrement excités ; ce sont d'ailleurs des taureaux de Camargue qui font tous les frais de nos courses, leur vigueur est médiocre, leur ardeur facile à modérer, et il est rare qu'ils fassent des victimes. »

C'est avec de telles excuses que l'on a continué à entretenir le goût du peuple pour de tels divertissements. Mais la modération a paru une faiblesse, on a rêvé les combats à force d'assister aux courses ; le sang coulait à peine, on a voulu le voir couler à grands flots, et après nous avoir demandé grâce pour des jeux que l'on disait inoffensifs, voici qu'on la sollicite encore pour des spectacles qui font horreur. Souffrez, tolérez, amnistiez les combats de taureaux : c'est l'esprit public qui exige ce délassement.

Non, cette tolérance qu'on nous demande nous ne saurions l'accorder ; ce parti qu'on nous prêche, nous ne saurions le prendre. Nous parlerons à notre tour, dussions-nous n'être ni écouté ni entendu. Ou plutôt, ce n'est pas nous qui parlerons, c'est le spectacle même que vos arènes viennent de donner le 9 août dernier. Puisque vingt mille personnes ont eu le triste courage d'ouvrir les yeux pour le voir, qu'elles ouvrent aujourd'hui les oreilles pour en entendre l'affreux récit.

C'est la presse qui a préparé ce spectacle et qui en fait valoir l'étrange beauté. Annonces, affiches, réclames, descriptions, éloge de la troupe étrangère qui franchit les Pyrénées exprès pour amuser le peuple, rien n'est omis. Que d'émotions ! que de plaisir ! Comme s'il pouvait y avoir une émotion permise, un plaisir permis à voir tuer six taureaux, seize chevaux râler sous leurs pieds, et au milieu de cette boucherie, un toréador, la première épée de l'Espagne, exposant sa vie parmi ces animaux qui vont expirer au milieu d'une mer de sang : voilà le glorieux spectacle promis à une grande cité !

Ce n'est pas tout. La presse amie des combats

de taureaux a ses casuistes. On s'est demandé, de journal à journal, si, dans le cas où il y aurait mort d'homme, il était permis de quitter le spectacle. Les uns ont posé la question, plusieurs se sont tus, un journal a eu le lamentable courage d'imprimer une consultation pour persuader à la foule de rester immobile en face de l'homicide.

En vérité, à quelles mœurs, à quel siècle sommes-nous revenus? Quand Britannicus fut empoisonné par Néron, une partie des convives prirent la fuite, les autres se turent et consultèrent le visage du maître pour composer le leur, et, après un moment de silence, la joie du festin reprit son cours. Voilà l'impassibilité que conseillaient nos casuistes devant le spectacle du sang répandu. Ils fortifiaient les cœurs contre la pitié, et cette pitié leur semblait une honte !

La veille du grand jour, la curiosité s'enflamme encore. On reçoit, on promène en triomphe ces taureaux dont le sang va couler dans nos arènes, ces chevaux que monteront les matadors, cet étranger qui vient s'offrir aux bravos ou aux huées de la foule, selon qu'il l'intéressera par ses brillants coups d'épée ou qu'il lui causera quelque déception par ses maladresses. Les journaux prodiguent les épithètes les plus flatteuses à la troupe qui parcourt les rues et les places. Tout sera grandiose, splendide, sublime. La langue n'a pas de termes assez pompeux pour élever à la hauteur d'une grande institution un spectacle digne de la barbarie païenne.

Et c'est pour en jouir que les villes voisines ont envoyé leurs concitoyens et que vingt mille curieux ont couronné les crêtes de nos arènes. Les magistrats ont présidé à ces jeux publics ; 80,000 fr. de recettes en ont été le prix ; ce prix a été payé d'avance, et quand on veut se rendre compte de cette journée si impatiemment attendue, il faut se dire qu'on a versé l'or à pleines mains pour acheter.... quoi ? le droit de voir tuer des bêtes par un homme qui a échappé, non sans peine, au danger de périr avec elles.

Oui, six taureaux ont été tués, et le programme est rempli. Ils ont reçu au travers des flancs les trois coups d'épée que la coutume exige, ils ont rugi et écumé de rage, ils se sont précipités sur les chevaux, ils les ont broyés sous leurs pieds, ils ont renversé et blessé le cavalier qui les attaquait, ils ont offert des plaies béantes, ils ont exhalé devant vingt mille spectateurs leurs dernières fureurs et leurs derniers gémissements, ils ont satisfait, en mourant, à toutes les conditions d'une grande course espagnole. Que les amateurs s'en réjouissent ; nous fermons de loin les yeux sur ce tableau, tant il est horrible. Pour eux, ils s'en repaissent encore après l'avoir vu, leur joie déborde, leurs yeux s'enivrent, leur cœur s'exalte. Depuis les combats de 1863 on n'avait rien vu de semblable dans les arènes de Nîmes.

Le sort du cheval n'a guère été plus heureux que celui du taureau. Nous aimons ce noble animal, un des meilleurs amis de l'homme. On l'exerce à la course, mais la course est pour lui sans péril, et il en partage la gloire avec le cavalier qui le guide. On le mène à la bataille, mais le sang qu'il verse est utile à la patrie, et les blessures qu'il y reçoit sont couvertes par les lauriers de la victoire. Ici, rien de noble, rien de grand, rien d'utile. Vous ne reconnaissez plus ce cheval agile et bondissant comme la sauterelle, dont le pied creuse la terre, et qui s'élance avec ivresse au-devant des bataillons armés. Quand la trompette sonne, il ne dit plus *allons!* et bien loin d'aspirer avec transport l'odeur de la guerre, il sent qu'on le mène non au combat, mais à la boucherie. Va, pauvre victime, dans ces arènes déshonorées par un plaisir qui est une honte. Donne-toi en spectacle à ces curieux qui ont payé pour te voir tomber sous les cornes d'un taureau. C'est un coup de corne et non un coup d'épée qui te jettera par terre, et ces mains qui t'applaudissaient il y a deux mois quand tu remportais le prix de la course dans l'hippodrome, vont se lever, battre et applaudir encore quand tu râleras, sans pouvoir te défendre, sous les pieds d'un taureau furieux. Hier, l'homme était ton ami ; aujourd'hui, il te livre comme une indigne proie. Hier, on vantait tes triomphes ; aujourd'hui, on célèbre ta défaite et ta mort. Cinq chevaux sont tombés le 9 août dans ce combat sans dignité, sans honneur et sans gloire.

Il n'y manquait plus que le sang de l'homme, et ce sang a été répandu. Le chef du quadrille a été emporté hors de l'arène presque dès le commencement de la lutte, et la course s'est poursuivie au milieu des inquiétudes qu'inspirait sa blessure. Il faut regarder maintenant le champ de bataille : ces six taureaux immolés pour le plaisir des yeux et dont toute la fureur n'a servi qu'à rendre la mort plus horrible ; à côté des cinq chevaux tués sur place, ces onze blessés dont la mort ne se fera guère attendre ; cette foule, enfin, partagée entre les sentiments les plus divers, qui a fait entendre tantôt des applaudissements, tantôt des huées et des sifflets. Des mères de famille ont quitté le spectacle pour en dérober à leurs enfants la révoltante et tragique horreur. L'opinion se partage, les uns se déclarent satisfaits, d'autres semblent déçus, et si nous en croyons la renommée, il se forme un parti raisonnable et sage qui se demande enfin s'il n'est pas temps d'abolir les combats de taureaux.

Ah ! qu'attendez-vous pour vous rendre aux vives instances de l'Église, aux réclamations de l'humanité, à la voix de votre intérêt bien entendu?

L'Église, qui a horreur du sang, a condamné ces spectacles dès qu'il lui fut permis d'élever la voix au milieu des nations. Témoin le concile de Carthage excommuniant ceux qui, les jours de solennités, désertaient l'assemblée des chrétiens pour assister aux jeux publics [1]. Témoin les Tertullien, les Salvien, les Chrysostome, les Augustin, mêlant aux plus beaux mouvements de leur éloquence les larmes de leur charité pour conjurer Antioche, Rome, Carthage, Marseille, de renoncer aux plaisirs dangereux des cirques et des amphithéâtres. Témoin saint Pie V, s'adressant à tous les peuples de la terre, par une bulle datée du 1er novembre 1567, dans laquelle il déclare que les combats de taureaux ne sont pas l'œuvre des hommes, mais l'invention du démon; qu'ils sont opposés à la piété chrétienne, à la charité évangélique, au salut des âmes, et que ceux qui les fréquentent méritent les censures de l'Église [2]. L'Espagne a réclamé contre cette sévérité, mais trois siècles d'expérience l'ont rendue plus sage, et quand notre immortel prédécesseur a élevé la voix contre cette abominable coutume, les évêques d'Espagne ont été les premiers à le féliciter et à l'applaudir.

1. LABBE, *Conc. Carthag.*, t. II, col. 1206.
2. *Bullarium Romanum*, t. VIII, p. 630.

Vous vous piquez de marcher avec votre siècle et d'en partager les généreux sentiments et les grandes pensées. Eh bien ! ce siècle a fait aux animaux une large part dans ses préoccupations et dans ses lois. Les lois françaises protègent les animaux domestiques contre les brutalités de l'homme, et c'est cependant sur la terre de France qu'on les aiguillonne et qu'on les tourmente, qu'on les blesse et qu'on les tue à plaisir, sans motif, sans excuse, à la requête de quelques amateurs sans entrailles, qui excitent, avec des journaux sans conscience, la curiosité d'une foule sans raison et sans réflexion. On réclame des exceptions pour le coin de terre que nous habitons, comme si, pour habiter la Provence et le Languedoc, nous n'appartenions pas à l'humanité. On allègue l'usage, comme si l'usage pouvait prévaloir contre le devoir, la vertu et la loi. On dit que les méridionaux ne sauraient se passer de ces spectacles, et à côté de Nîmes, où ils viennent s'étaler, Uzès, Alais et le Vigan, les trois villes principales de notre diocèse, n'en ont ni le goût ni la tradition. D'où vient qu'à trois lieues de distance ils sont si nécessaires aux uns et si indifférents aux autres ? N'est-ce pas le même sang qui coule dans les veines du même peuple ? L'usage qui tyrannise une ville épargne la ville voisine. Il n'est donc pas si difficile de le déraciner et de l'abolir.

O mœurs cruelles ! Pourquoi les entretenir et les conserver, quand elles deviennent l'étonnement et le scandale de la raison humaine ?

On ne les connaît ni à Toulouse, ni à Lyon, ni à Bordeaux, ni à Paris. On a repoussé l'an dernier, avec une invincible horreur, la proposition d'établir à Paris ces jeux abominables. Les législateurs les ont condamnés, et c'est je ne sais sur quelles réclamations qu'on laisse à vos magistrats le soin d'autoriser ou de défendre ce que rien n'autorise, ce qui devrait être partout défendu, interdit, condamné, maudit à jamais. Est-ce la politique que l'on consulte? nous l'ignorons; mais ce que l'humanité commande, nous le savons, nous le sentons, nous le réclamons avec toute l'énergie de la raison, toutes les larmes du sentiment, toutes les susceptibilités de l'honneur national.

Nous nous ferons aussi l'organe de votre intérêt bien entendu. Quand vous êtes menacés par la maladie contagieuse qui décime l'Espagne et qui recommence à Marseille ses ravages mystérieux, est-il prudent, est-il raisonnable, de vous assembler sous un ciel de feu, de braver une chaleur torride, et d'allumer dans vos veines la fièvre des grandes émotions excitées par le sang répandu? C'est par une vie calme et tranquille que vous éviterez la peste, et vous voulez l'attirer en vous entassant les uns sur les autres dans l'enceinte étroite d'une course de taureaux. La santé publique n'est pas seule en péril, mais la prévoyance, l'économie domestique, les soins que vous devez prendre de votre famille. C'est à la porte de nos arènes que l'ouvrier va porter son épargne ; le domestique, ses gages ; l'écolier, ses menus plaisirs ; le pauvre et le mendiant, le pain qu'ils tiennent de la charité publique. Quel sera leur lendemain, après la joie courte et mauvaise qu'ils auront eue ? Êtes-vous plus excusables, vous qui vivez dans l'aisance et dans les richesses ? Demain nous viendrons solliciter vos aumônes pour notre saint-père le pape, pour nos écoles libres, pour nos missions, pour notre grand séminaire. Quelle sera votre aumône ? Peut-être, vous déroberez-vous à l'ennui de la refuser et à l'obligation de la faire ; peut-être vous faudra-t-il la diminuer, quand tout vous oblige à la rendre plus abondante ; car le Denier de saint Pierre est devenu plus nécessaire que jamais, nous sommes obligés de multiplier nos écoles libres sous le coup des persécutions, les missions de l'extrême Orient voient couler le sang des martyrs et il faut venir au secours de ces chrétientés désolées, enfin, notre grand séminaire n'a plus d'autres ressources que votre charité, et l'avenir de notre sacerdoce est entre vos mains. Est-ce le temps, est-ce le cas de les ouvrir pour payer le luxe, le plaisir, la cruauté des spectacles païens ?

J'entends des publicistes vous excuser en disant qu'il vous faut des plaisirs et que le dimanche vous pèse. Ah ! donnez-vous-les donc ces plaisirs qui reposent et qui délassent, et personne ne les bénira d'un meilleur cœur que le cœur de votre évêque ? Ces plaisirs purs et chrétiens, mais qui donc les connaît mieux que vous ? Qui a moins besoin que vous des jeux publics, des arènes, et de l'amphithéâtre? Lorsque nous montrons aux étrangers ces villas, ces maisonnettes, ces abris de verdure et de fleurs, ou plutôt, pour parler la langue du pays, ces *mazets* presque sans nombre qui peuplent vos coteaux, « voilà, leur disons-nous, l'asile sacré que nos catholiques de Nîmes fréquentent le dimanche. Ce toit enfumé ne couvre qu'une chambrette où se prépare un humble et frugal repas. Mais au devant s'étend une pelouse peuplée d'amandiers où l'on compte autant de fruits que de fleurs, d'oliviers qui gardent jusqu'à la fin de l'automne leur douce récolte. Là viennent, dans la soirée, respirer et se reposer nos bonnes familles chrétiennes. La mère vaque aux soins du ménage, le père compte les fruits de son petit domaine, les enfants s'exercent à la course ou au jeu de boules sous le regard de leurs parents. Vous les rencontreriez, après les vêpres, portant au bras le repas du soir et prenant le chemin de leur chère maisonnette. Vous les verriez rentrer dans la ville, après le coucher du soleil, d'un air serein, d'un pas joyeux, montrant dans leur démarche et dans leur regard l'assurance modeste d'une conscience tranquille, et le travail de la semaine recommencera le lundi sans peser à cet humble ménage, parce qu'il a joui de la prière et de la liberté du dimanche, parce qu'il a goûté le repos de son mazet entre l'olivier et le figuier qui en ombragent les murs. » Peuple heureux ! me répond l'étranger ; puisse-t-il jouir longtemps de son bonheur ! Heureuse ville, si elle garde toujours ces mœurs simples, ces habitudes chrétiennes, si elle ne connaît jamais que le chemin de l'église, de l'atelier, de l'école et de la maison des champs !

Je finis sur ces vœux si honorables pour vous, si consolants pour moi, et je prie Dieu de nous épargner à tout jamais le spectacle d'un combat de taureaux. Que celui du 9 août 1885 soit le dernier qui afflige la ville de Nîmes ! Que cette instruction pastorale, qui a tant coûté à notre cœur et à notre plume, soit le dernier reproche de vos évêques sur ce lamentable sujet ! Et qu'il nous soit donné de nous louer pour avoir forcé, par votre sagesse, par votre répugnance, par votre dégoût, les entrepreneurs de ces jeux cruels à chercher ailleurs des applaudissements et des amateurs.

A ces causes, le saint nom de Dieu invoqué, nous avons arrêté et arrêtons les dispositions suivantes :

I. — Nous défendons à tous nos diocésains d'assister aux *combats* de taureaux, déclarant conformément à la bulle de saint Pie V, qu'ils commettraient une faute grave s'ils enfreignaient notre défense.

II. — Nous blâmons sans détour les *courses* qui sont en usage dans quelques paroisses ; elles ont leur danger et pour les animaux et pour les hommes, elles excitent une curiosité malsaine, elles perpétuent de mauvaises habitudes, et si nous n'allons pas jusqu'à les interdire en les qualifiant de péché, nous faisons des vœux ardents pour qu'elles disparaissent de nos mœurs. L'autorité civile, qui l'a si souvent essayé, rendrait un vrai service au département du Gard le jour où elle aurait la force de les abolir et surtout le courage de persévérer dans ses arrêtés[1].

1. Nous pouvons citer à ce sujet un arrêté du 17 mai 1851 rendu par M. E. Lagarde, préfet du Gard, et antérieurement deux actes de M. le baron de Jessaint : l'un est un arrêté du 19 janvier 1841, défendant les courses de taureaux dans toute l'étendue du territoire de chaque commune du département ; l'autre est une circulaire du 24 mai 1841, invitant les maires du dépar-

III. — Nous faisons aux journaux catholiques de notre diocèse la défense formelle de prêter aux combats de taureaux leur publicité et leurs réclames [1]. S'ils doivent élever la voix, c'est pour les condamner hautement. Qu'on ne s'excuse point en disant que ce sont des annonces payées, ce ne serait pas là une excuse, mais l'aggravation d'une faute. L'Église ne se sent ni honorée ni soutenue dans des feuilles publiques où l'on intercale, entre le récit d'un pèlerinage et l'annonce d'une messe en musique, l'éloge d'un théâtre qu'elle condamne ou d'un combat qu'elle abhorre [2].

tement du Gard à l'exécution rigoureuse du précédent arrêté. (*Recueil des Actes administratifs de* 1841.)

L'un des maires les plus distingués de la ville de Nîmes, M. F. Girard, pair de France, refusa constamment d'autoriser les *combats* de taureaux et toléra tout au plus quelques *ferrades*. Cet exemple, qui n'était pas sans précédents, n'est pas resté non plus sans imitateurs.

1. Nous nous plaisons à remarquer que, dans les circonstances présentes, le *Journal du Midi* mérite tous nos éloges pour avoir exprimé hautement des sentiments très chrétiens sur les combats de taureaux.

2. V. note 5.

LES PETITS BOLLANDISTES
DE
Mgr GUÉRIN
SUR
les rapports de SS. Gamelbert, Aventin de Troyes, Guillaume Firmat, Gérasime, Cuthbert, Marien, Fructueux, Marculphe, Isidore, Godric et Colomban, et des BB. André de Ségni, Jourdain de Saxe et Martin de Porrès avec des animaux sauvages.

LES PETITS BOLLANDISTES... VIES DES SAINTS... **Par Mgr Paul** GUÉRIN... SEPTIÈME ÉDITION, REVUE, CORRIGÉE ET CONSIDÉRABLEMENT AUGMENTÉE... TOME DEUXIÈME... PARIS... BLOUD ET BARRAL, LIBRAIRES-ÉDITEURS,... 1882

***

SAINT GAMELBERT, CURÉ EN BAVIÈRE **(vers l'an 800).**

***

Telle était sa bonté d'âme qu'il rachetait les petits oiseaux pour leur rendre la liberté lorsqu'il en trouvait entre les mains des paysans. Il ne permettait pas non plus à ses propres domestiques d'aller travailler aux champs ou aux bois lorsque le temps menaçait d'être mauvais. Il affectionnait par-dessus tout la tranquillité et la concorde, rétablissant la paix entre ses paroissiens autant qu'il le pouvait.

***

LE BIENHEUREUX ANDRÉ DE SÉGNI (1302).

***

Il avait une âme très-compatissante, et sa sensibilité universelle s'étendait jusqu'aux animaux.

Un jour qu'il était malade, on lui apporta, pour réveiller son estomac affadi, quelques petits oiseaux tués à la chasse. Le Saint eut pitié de ces pauvres animaux étendus sans vie et tout sanglants devant ses yeux. Il fit sur eux le signe de la croix, en priant Dieu de les ressusciter. Dès qu'il eut fini son oraison, les oiseaux commencèrent à s'agiter, battirent des ailes et s'envolèrent.

***

SAINT AVENTIN DE TROYES, ERMITE (536).

***

... Un jour qu'il vit venir à lui un ours qui hurait de douleur, à cause d'une grosse épine qu'il s'était enfoncée dans la patte, il le délivra de son mal, et la bête reconnaissante se roulait à ses pieds en le caressant. Une biche poursuivie par des chiens de chasse se réfugia près de lui épuisée de fatigue et il la sauva....

Telle était son innocence, que les oiseaux venaient se poser sur sa main pour y becqueter les miettes de pain qu'il leur tendait par la fenêtre de sa cabane, et qu'après avoir mangé le pain, ils revenaient chanter autour de lui comme pour le remercier. Un serpent se réfugia dans son foyer, et, après avoir fait ses petits, il se retira sans être maltraité par Aventin. Un moine qui était venu se joindre à lui, prenait parfois des petits poissons qu'il voulait servir au Saint comme un petit adoucissement à ses privations ordinaires; Aventin ne manquait pas de reporter à la rivière tous ceux qui étaient encore en vie....

***

On place souvent près de lui des ours et des oiseaux,... On peut encore le représenter lisant dans sa cellule; près de lui, un cerf couché.

***

LE BIENHEUREUX JOURDAIN DE SAXE, DOMINICAIN

***

Parmi les héros célestes qui illustrèrent la famille naissante de saint Dominique, il ne faut pas oublier le bienheureux Jourdain. La Saxe regarde comme une gloire d'être sa patrie....

***

Les hommes n'étaient pas seuls à se laisser prendre aux charmes que Dieu donnait à la parole de son serviteur. Un jour que les frères le devançaient dans un voyage, au sortir de Lausanne, une belette vint à passer devant eux; les frères s'étant arrêtés autour du trou où elle avait disparu, le Bienheureux, qui survint, leur dit : « Pourquoi vous arrêtez-vous ici ? » — « C'est », dirent-ils, « qu'une jolie, une charmante petite bête est entrée dans ce trou ». Alors, se penchant vers la terre, il s'écria : « Sors, belle petite bête, afin que nous puissions te voir ». Celle-ci, sortant aussitôt sur le bord de son trou, leva ses petits yeux pour contempler le saint homme, qui la fit monter sur une de ses mains, et, avec l'autre, la caressa sur la tête et sur le dos; elle le laissa faire. Alors il lui dit : « Maintenant, retourne dans ta petite maison, et que béni soit Dieu ton Créateur! » Elle obéit à l'instant et disparut.

LES PETITS BOLLANDISTES... VIES DES SAINTS... Par Mgr Paul GUÉRIN... SEPTIÈME ÉDITION,... TOME TROISIÈME... PARIS... BLOUD ET BARRAL,,.. 1882

***

SAINT GUILLAUME FIRMAT

***

... On raconte que les oiseaux, même les plus sauvages, s'approchaient de lui sans crainte, venaient manger dans sa main ou se réfugier sous ses vêtements pour se mettre à l'abri du froid. Quand il s'asseyait sur le bord de l'étang voisin de sa cellule, les poissons arrivaient à ses pieds et se laissaient prendre volontiers par le serviteur de Dieu qui les remettait à l'eau sans leur avoir fait aucun mal.

Un jour son clerc accourt, tout en émoi, et lui annonce qu'un sanglier fait de grands ravages dans le jardin et détruit presque tous les légumes. Guillaume se rend alors vers ce terrible animal, lui prend doucement l'oreille, et le sanglier, doux comme un agneau, se laisse conduire, suit le Saint dans sa cellule, y passe la nuit et ne recouvre la liberté que le lendemain de très-bonne heure, mais après un charitable avertissement de ne pas ravager désormais le jardin de son clerc.

***

Son corps fut enseveli dans l'église de Saint-Evroul qui a pris depuis le nom de Saint-Guillaume. Sa tombe fut illustrée par de nombreux miracles, et il s'y fit un grand concours de pèlerins. Il est le patron de Mortain.

***

... Il ne faut pas oublier, comme attribut de saint Guillaume, le sanglier qu'il obligea à jeûner toute une nuit dans sa cellule.

***

SAINT GÉRASIME,...[1]

***

Sa laure était à un quart de lieue du Jourdain, du côté de Jéricho. Elle subsistait encore cent ans après sa mort. Jean Mosch, historien de saint Gérasime, qui la visita, y entendit raconter le fait suivant : Le Saint étant un jour sur la rive du Jourdain, vit venir à lui un lion qui ne marchait que sur trois pieds; il tenait en l'air le quatrième, dans lequel s'était enfoncée une épine. Il se présenta à Gérasime en rugissant de la douleur qu'il souffrait. Le Saint, touché de compassion, retira l'épine, banda la plaie qu'elle avait causée et renvoya le roi du désert. Mais Dieu voulut faire voir,

1. V. note 6.

dans cette occasion, que les justes qui le servent fidèlement, peuvent s'assujétir les bêtes les plus féroces, comme elles étaient soumises à Adam avant son péché; car le lion, comme s'il eût été doué de la raison, ne le quitta plus et le servit dans son monastère plus que n'aurait pu faire un animal domestique, sans causer la moindre frayeur ni le moindre dommage à personne.

Il demeura ainsi cinq ans au service du monastère, au bout desquels le Saint étant mort, il refusa toute nourriture et alla expirer sur son tombeau.

On croit que cette histoire a donné occasion aux peintres de représenter saint Jérôme avec un lion près de lui; on l'aurait ainsi confondu avec saint Gérasime à cause de la ressemblance du nom que l'on trouve quelquefois écrit *Gérome*, par une mauvaise orthographe.

***

SAINT CUTHBERT, ÉVÊQUE DE LINDISFARNE

***

2° Mais, d'après le P. Cahier, le principal attribut du Saint serait le cygne; celui-ci ayant été choisi pour indiquer les hommes qui se sont montrés particulièrement amoureux de la vie solitaire, à cause du silence que garde ordinairement cet oiseau.

Toutefois nous sommes porté à croire qu'il

s'agit ici de l'*oie à duvet*, nommée oiseau de saint Cuthbert, et non du cygne. Qu'on en juge d'après ce que dit M. de Montalembert : « ... Ils pullulaient autrefois sur ce rocher et s'y trouvent encore, bien que le nombre en ait fort diminué, depuis que les curieux sont venus voler leurs nids et les détruire à coups de fusil. Ces volatiles n'existaient nulle part ailleurs dans les Iles Britanniques, et portaient le nom d'oiseaux de saint Cuthbert. C'était lui, selon le récit d'un moine du XIIIe siècle, qui leur avait inspiré une confiance héréditaire, en les prenant pour compagnons de sa solitude et en leur garantissant que nul ne les troublerait jamais dans leurs habitudes ».

LES PETITS BOLLANDISTES... VIES DES SAINTS... Par Mgr Paul GUÉRIN... SEPTIÈME ÉDITION,... TOME QUATRIÈME... PARIS... BLOUD ET BARRAL,... 1882

***

SAINT MAMERTIN, RELIGIEUX A AUXERRE (462).

***

On associe volontiers au souvenir de saint Mamertin celui de saint Marien ou Marcien, son disciple. Marien avait quitté le pays des Bituriges, alors occupé par les Goths Ariens, dont la domination était cruelle aux catholiques. Accueilli au monastère d'Auxerre par Mamertin, il remplit, dans les étables et les fermes des religieux, les humbles fonctions de berger et de bouvier au milieu desquelles il se sanctifia. Sa légende est remplie de gracieuses merveilles. C'est ainsi qu'il appelait à lui les petits oiseaux des champs et leur donnait à manger, qu'il congédiait avec autorité les ours et autres animaux ennemis des hommes et des troupeaux[1].

***

SAINT FRUCTUEUX, ARCHEVÊQUE DE BRAGA

***

... Un jour qu'il traversait une forêt, un chevreuil, poursuivi par des chasseurs, vint se réfugier sous son manteau. Le Saint prit l'animal sous sa protection et le conduisit au monastère. L'animal, reconnaissant, ne quittait plus son libérateur; il le suivait pendant le jour, dormait la nuit à ses pieds, et ne cessait de bêler quand il s'absentait. Il fit plus d'une fois reconduire la bête dans les bois, mais toujours elle savait retrouver la trace des pas de son libérateur. Un jour enfin elle fut tuée par un jeune homme qui n'aimait pas les moines. Fructueux était allé faire un voyage de quelques jours; au retour, il s'étonna de ne pas voir son chevreuil accourir au-devant de lui, et quand il apprit sa mort, la douleur le saisit, ses genoux fléchirent, il se prosterna sur le pavé de l'église. On ne dit pas si ce fut pour demander à Dieu de punir le cruel; mais celui-ci tomba bientôt

1. V. note 7.

malade et fit demander à l'Abbé de venir à son aide : Fructueux se vengea en noble visigoth et en chrétien : il alla guérir le meurtrier de son chevreuil et lui rendit la santé de l'âme avec celle du corps....

***

On raconte encore que voulant se dérober aux hommages du peuple, il se réfugia au fond des bois; mais des geais qu'il avait élevés dans son monastère, allèrent à sa recherche et trahirent sa retraite par le joyeux babil dont ils le saluèrent.

***

On donne pour attributs à saint Fructueux une biche et des geais.

LES PETITS BOLLANDISTES... VIES DES SAINTS... Par Mgr Paul GUÉRIN... SEPTIÈME ÉDITION,... TOME CINQUIÈME... PARIS... BLOUD ET BARRAL... 1882

***

SAINT MARCULPHE, PREMIER ABBÉ DE NANTEUIL, AU DIOCÈSE DE COUTANCES

***

... Faisant un second voyage à la cour, pour obtenir la confirmation des donations faites à ses monastères, il se reposa sur le bord de l'Oise : un lièvre, pressé des chiens, se réfugia sous son habit; mais les chasseurs ayant obligé le Saint de le lâcher[1], ce pauvre animal se sauva, tandis que les chiens et les chevaux demeurèrent immobiles....

***

1. V. note 8.

C'est à ce Saint que nos rois très-chrétiens se reconnaissaient redevables du pouvoir qu'ils avaient de guérir les écrouelles ;...

***

SAINT ISIDORE, LABOUREUR

PATRON DE LA VILLE DE MADRID ET DES LABOUREURS

***

La bonté de cœur d'Isidore s'étendait jusque sur les animaux. Un jour d'hiver que la terre était couverte de neige, étant parti de chez lui, avec un sac de blé sur le dos, pour le porter au moulin, il vint à un endroit où de nombreuses familles d'oiseaux étaient perchées sur les arbres, exposées aux tourments du froid et de la faim. A cette vue, ému de pitié, il déblaie la neige avec ses mains et ses pieds, dépose son sac à terre, l'ouvre et répand une bonne partie des grains, que les pauvres petits affamés vinrent aussitôt becqueter. Son compagnon, moins compatissant, se moqua de lui, de ce qu'il prodiguait ainsi son blé ; mais Dieu fit voir que cette action charitable lui avait plu. Arrivé au moulin, Isidore vit son sac plein, comme si personne n'y avait touché, et sous la meule on trouva une quantité de farine égale au rendement ordinaire de deux sacs de blé. Qu'il y a loin de cette conduite de saint Isidore à celle de beaucoup de campagnards qui traitent avec dureté, quelquefois avec une barbarie révoltante, non-seulement les petits oiseaux, si utiles à leurs champs, mais les animaux qui sont les compagnons dociles et indispensables de leurs travaux !

LES PETITS BOLLANDISTES... VIES DES SAINTS... Par Mgr Paul GUÉRIN... SEPTIÈME ÉDITION,... TOME SIXIÈME... PARIS... BLOUD ET BARRAL,... 1882

***

SAINT GORRY OU GODRIC, COLPORTEUR ET ERMITE EN ANGLETERRE

***

... Un jour il y avait une grande chasse aux environs de l'ermitage de Godric. Alors il arriva qu'un cerf magnifique fut poursuivi par des parents de l'évêque Ramulfe ; le pauvre animal se présenta, haletant, devant la cellule de Godric, en ayant l'air d'y chercher un refuge. Godric, en sortant de sa retraite, l'aperçut, tout tremblant de frayeur et semblant implorer son secours. Godric, en effet, le prit avec lui dans sa cellule, et le noble animal se coucha à ses pieds. Mais bientôt arrivèrent les chasseurs, réclamant leur proie. Godric alla au-devant d'eux. Ils lui demandèrent où était le cerf. Il répondit : *Dieu le sait*. Les chasseurs, reconnaissant sous les haillons d'un pauvre ermite un ange et un saint, s'en retournèrent avec leurs chiens, sans inquiéter davantage ni Godric, ni le cerf qui, pour se remettre de ses frayeurs, passa la nuit chez l'ermite ; le lendemain matin, il reprit joyeusement sa course dans les bois, et plusieurs fois chaque année il revint exprimer au bon Godric sa reconnaissance par ses caresses. Godric était devenu comme le protecteur naturel des bêtes de la forêt poursuivies par les chasseurs : les lièvres, les chevreuils, etc., en cas de danger, cherchaient auprès de lui un refuge assuré. Pendant les froids de l'hiver, les oiseaux venaient se réchauffer dans son sein : l'on eût dit qu'ils voyaient en lui un fils de leur Créateur miséricordieux !

***

Le *pèlerin-ermite*, saint Godric, est souvent peint entouré de serpents, parce que les animaux dangereux l'approchaient sans lui faire de mal.

LES PETITS BOLLANDISTES... VIES DES SAINTS... Par Mgr Paul GUÉRIN... SEPTIÈME ÉDITION,... TOME TREIZIÈME... PARIS... BLOUD ET BARRAL,... 1882

***

LE BIENHEUREUX MARTIN DE PORRÈS, RELIGIEUX DU TIERS ORDRE DE SAINT-DOMINIQUE

***

Il souffrait beaucoup de voir les enfants trouvés et les orphelins en bas âge exposés à tous les malheurs ; pour obvier à cette infortune, il fit bâtir à Lima un célèbre collège où ils pussent être formés à la piété et à une vie honnête. Sa bonté était si grande qu'elle n'exceptait pas même les animaux et qu'il leur donna souvent les soins et les secours de son art. Dieu se plut à honorer par des faveurs célestes l'excellente charité de son serviteur....

***

Presque toute l'Amérique espagnole l'appelle le *Saint aux rats;* car on dit que son image déposée dans les lieux qu'infestent les souris et les rats, fait disparaître promptement ces animaux. Dans son couvent du Pérou, comme le sacristain se plaignait de voir ses étoffes rongées par les rats, et se proposait de détruire par le poison des hôtes si désagréables, le frère Martin le dissuada de cette cruauté. Il appela donc toutes ces petites créatures, déposant à terre un panier qu'il avait à la main; et quand toutes eurent grimpé dans sa corbeille, il les porta au jardin, leur promettant de prendre soin d'elles chaque jour, si elles cessaient de dévaster les provisions du monastère. C'est pourquoi on le représente une corbeille à la main, et entouré de rats, soit parce qu'il leur distribue à manger, soit parce qu'il se dispose à les transporter hors de la sacristie pour les réunir dans le jardin où il se chargera de les approvisionner avec les restes qui se perdent par la maison.

Le bienheureux Martin de Porrès est patron des mulâtres ; on l'invoque contre les rats.

***

S. COLOMBAN, FONDATEUR ET ABBÉ DE LUXEUIL

***

Le rival de saint Benoît, saint Colomban, naquit en l'année même où mourut le patriarche du Mont-Cassin....

***

... Souvent il se séparait de ses disciples pour s'enfoncer tout seul dans les bois, et pour y vivre en communauté avec les bêtes. Là, comme plus tard, dans sa longue et intime communion avec la nature âpre et sauvage de ces lieux déserts, rien ne l'effrayait, et lui ne faisait peur à personne. Tout obéissait à sa voix. Les oiseaux venaient recevoir ses caresses, et les écureuils descendaient du haut des sapins pour se cacher dans les plis de sa coule....

***

Saint Colomban est représenté : 1° bénissant des animaux sauvages ; ....[1]

1. V. note 9.

MONTALEMBERT

SUR

les rapports qu'avaient avec les animaux sauvages SS. Karilef, Gilles, Nennoke, Déicole, Basle, Benoît, Maixent, Valery, Maclou, Magloire et Colomba, et leurs associés comme fondateurs de la civilisation chrétienne.

LES MOINES D'OCCIDENT... PAR LE COMTE DE MONTALEMBERT... TOME DEUXIÈME... SEPTIÈME ÉDITION... PARIS... LIBRAIRIE VICTOR LECOFFRE... 1892

***

LES MOINES ET LES BÊTES FAUVES.

***

Tandis que les chefs et les clients de l'aristocratie gallo-franque ne pénétraient que par intervalles, et pour le seul plaisir de la destruction, sous ces ombrages où s'écoulait la vie entière des moines, ceux-ci vivaient naturellement dans une sorte de familiarité avec la plupart des bêtes fauves qu'ils voyaient bondir autour d'eux, dont ils étudiaient à loisir les instincts et les mœurs, et qu'il leur était facile, avec le temps, d'apprivoiser. On eût dit que, par une sorte de pacte instinctif, ils se respectaient les uns les autres. Dans les innombrables légendes qui nous dépeignent la vie religieuse au sein des forêts, on ne voit aucun exemple d'un religieux qui ait été dévoré ou même menacé par les animaux même les plus féroces ; on ne voit pas non plus qu'ils aient jamais songé à se livrer à la chasse, fussent-ils même poussés par la faim, dont ils ressentaient souvent les dernières extrémités. Comment donc s'étonner qu'en se voyant pourchassé et atteint par d'impitoyables étrangers, le gibier allât chercher refuge auprès de ces paisibles hôtes de la solitude qu'ils habitaient ensemble ? et surtout comment ne pas comprendre que les populations chrétiennes, accoutumées pendant la suite des siècles à trouver près des moines aide et protection contre toutes les violences, aient aimé de bonne heure à se rappeler ces touchantes légendes qui consacraient, sous une forme poétique et populaire, la pensée que la demeure des saints est le refuge inviolable de la faiblesse contre la force ?

L'un des premiers et des plus curieux exemples de ces relations entre les rois et les moines, où les bêtes des bois servent d'intermédiaire, est celui de Childebert et du saint abbé Karileff.... Tout en cultivant ce coin de terre inconnu, il y vivait entouré de toute sorte d'animaux, et, entre autres, d'un buffle sauvage, dont l'espèce était déjà rare dans cette contrée, et qu'il avait réussi a apprivoiser complètement. C'était un plaisir, dit la légende, de voir le vénérable vieillard debout à côté de ce monstre, occupé à le caresser en le frottant doucement entre les cornes ou le long de ses énormes fanons et des plis de chair de sa robuste encolure; après quoi, la bête reconnaissante, mais fidèle à son instinct, regagnait au galop les profondeurs de la forêt.

Childebert, le fils de Clovis, est, comme nous l'avons déjà dit, le grand héros des légendes monastiques;... Arrivé dans le Maine, avec la reine Ultrogothe, pour s'y livrer à sa récréation ordinaire, il apprend avec bonheur qu'on a vu dans les environs un buffle, animal déjà presque inconnu en Gaule. Tout est disposé, dès le lendemain, pour que cette chasse extraordinaire réussisse à souhait :... Le buffle éperdu court se réfugier auprès de la cellule de son ami, et quand les chasseurs approchent, ils voient l'homme de Dieu debout devant la bête comme pour la protéger...

***

... Aux bords de la Méditerranée, un Grec de naissance illustre, nommé Ægidius, était venu tout jeune encore, sur les pas de Lazare et de Madeleine, aborder près de l'embouchure du Rhône, et avait vieilli dans la solitude, caché au fond d'une vaste forêt, sans autre nourriture que le lait d'une biche qui venait coucher dans sa grotte. Mais un jour le roi du pays, qui se nommait, selon les uns, Childeberg, roi des Francs, selon les autres, Flavien, roi des Goths, étant à la chasse dans cette forêt, la biche fut lancée et poursuivie jusque dans la caverne par les veneurs ; l'un d'eux tira sur elle une flèche qui alla traverser la main que le solitaire étendait pour protéger sa compagne....

***

Le même trait se rencontre dans la légende de sainte Nennoke, la jeune et belle fille d'un roi breton, qui avait renoncé au mari que voulait lui imposer son père, pour émigrer en Armorique et s'y consacrer à la vie religieuse. Le prince du pays, étant à la poursuite d'un cerf dans le voisinage de son monastère, vit la bête, à demi morte de fatigue, se réfugier dans l'enceinte sacrée, et la meute s'arrêter court, sans oser passer outre. Descendu de cheval, et étant entré dans l'église, il trouve le cerf couché aux pieds de la jeune abbesse, au milieu du chœur des religieuses qui chantaient l'office....

***

On verra plus loin comment le roi Clotaire II, devenu maître de la monarchie franque, étant venu chasser dans une des forêts domaniales de la Séquanie, y poursuivit un énorme sanglier jusque dans l'oratoire qu'habitait un vieux moine irlandais, Déicole, arrivé en Gaule avec saint Colomban, et, touché de voir cette bête féroce couchée devant le petit autel où priait le reclus étranger, fit donation à celui-ci de tout ce qui appartenait au fisc dans les environs de sa cellule. La donation faite et acceptée, l'homme de Dieu, qui avait garanti à ce sanglier la vie sauve, a soin de le faire lâcher et de protéger sa fuite au fond des bois.

Les grands leudes, aussi passionnément épris et aussi habituellement occupés de la chasse que les rois, subissaient comme eux l'ascendant des moines, quand ceux-ci se présentaient à eux pour protéger les hôtes de leur solitude. Basolus, né de noble race en Limousin, fondateur du monastère de Viergy, dans la montagne de Reims, s'était construit une cellule dans le plus épais de la forêt, à l'abri d'une croix de pierre, et il n'y avait pour tout mobilier qu'un petit lutrin admirablement sculpté pour y poser les saintes Écritures qu'il méditait sans cesse. Un jour il y fut troublé dans son oraison par un sanglier colossal qui venait se prosterner à ses pieds, comme pour demander grâce de la vie. A la suite de la bête accourait à cheval un des plus puissants seigneurs des environs, nommé Attila, que le seul regard du solitaire arrêta court et rendit immobile. C'était au fond un bon homme, dit la légende, quoique grand chasseur ; il le montra bien, en faisant don à l'abbé de tout ce qu'il possédait autour de sa cellule. Quatre siècles après, ce souvenir était resté si vivant que, par une convention scrupuleusement observée, le gibier pourchassé dans la forêt de Reims, qui pouvait gagner le petit bois dominé par la croix de Saint-Basle, était toujours épargné par les chiens comme par les chasseurs.

***

... Comme ses grands frères d'Orient, le patriarche des moines d'Occident a aussi son oiseau familier, mais qui vient lui demander sa nourriture au lieu de la lui apporter. Saint Grégoire le Grand, dans la biographie qu'il lui a consacrée, rapporte qu'étant encore dans son premier monastère de Subiaco, saint Benoît voyait, à chacun de ses repas, arriver de la forêt voisine, un corbeau qu'il nourrissait de sa main.

Ces récits, pieusement transcrits par les plus grands génies que l'Église ait possédés, nous préparent à écouter sans surprise bien d'autres traits qui témoignent de la familiarité intime des moines avec les créatures.

Tantôt ce sont des passereaux indomptés, comme dit la légende, qui descendent du haut des arbres pour venir ramasser des grains de blé ou des miettes de pain, dans la main de cet abbé Maixent devant lequel nous avons vu s'agenouiller Clovis, au retour de sa victoire sur Alaric ; et les peuples apprenaient ainsi combien grande étaient sa mansuétude et sa douceur. Tantôt ce sont d'autres petits oiseaux des bois qui viennent chercher leur repas et laisser caresser leurs membres délicats par ce Walaric qui va bientôt nous apparaître comme l'un des plus illustres disciples de saint Colomban, l'apôtre du Ponthieu et le fondateur du grand monastère de Leuconaüs. Charmé de cette gentille compagnie, quand ses disciples approchaient et que les alouettes voletaient tout effrayées autour de lui, il arrêtait de loin les moines et leur faisait signe de reculer : « Mes fils », leur disait-il, « n'effrayons pas mes petites amies, ne leur faisons pas de mal ; laissons-les se rassasier ne nos restes. » Ailleurs, c'est encore Karilef qui, en binant et en taillant la petite vigne dont il avait offert le pauvre produit au roi Childebert, étouffe de chaleur et de sueur, se dépouille de son froc et le suspend à un chêne ; puis à la fin de la rude journée, en allant reprendre son vêtement monastique, il y trouve un roitelet, le plus petit et le plus curieux des oiseaux de nos climats, qui y avait niché et y avait laissé un œuf. Le saint homme en fut si ravi de joie et d'admiration qu'il passa toute la nuit à en remercier Dieu. On raconte un trait absolument semblable de saint Malo, l'un des grands apôtres monastiques qui ont laissé leurs noms aux diocèses du nord de l'Armorique, mais avec cette différence que celui-ci permit à l'oiseau de nicher dans son manteau jusqu'à ce que la couvée fût éclose....

Naturellement, les bêtes devaient rechercher et

préférer comme séjour les possessions de ces maîtres si doux et si paternels : de là l'amusante historiette du moine Magloire et du comte Loïescon. Ce comte armoricain, très riche, que saint Magloire avait guéri de la lèpre, lui fit don de la moitié d'un grand domaine baigné par la mer. Magloire s'étant présenté pour en prendre possession, tous les oiseaux qui remplissaient les bois du domaine, tous les poissons qui habitäient les côtes, se précipitèrent en masse vers la part qui revenait au moine, comme s'ils ne voulaient d'autre seigneur que lui. Lorsque le comte, et surtout sa femme, virent ainsi dépeuplée la moitié du domaine qui leur restait, ils s'en désolèrent et résolurent d'imposer à Magloire l'échange de cette moitié contre celle qu'il avait déjà reçue. Mais, l'échange fait, oiseaux et poissons aussitôt de suivre Magloire, allant et venant de manière à se trouver toujours dans la part des moines.

LES MOINES D'OCCIDENT... PAR LE COMTE DE MONTALEMBERT... TOME TROISIÈME... SIXIÈME ÉDITION... PARIS... LIBRAIRIE VICTOR LECOFFRE... 1893

***

SAINT COLOMBA, APOTRE DE LA CALÉDONIE,
521-597.

***

... Un matin, il appelle un des religieux d'Iona, et lui dit : « Va t'asseoir au bord de la mer, sur la grève de notre île, à l'ouest ; et là, tu verras arriver du nord de l'Irlande une pauvre cigogne voyageuse, longtemps ballottée par les vents, et qui, tout épuisée de fatigue, viendra tomber à tes pieds sur la plage. Il faut la ramasser avec miséricorde, la soigner et la nourrir pendant trois jours ; après ces trois jours de repos, quand elle sera ranimée et qu'elle aura repris toutes ses forces, elle ne voudra pas prolonger son exil parmi nous ; elle revolera vers la douce Irlande, sa chère patrie, où elle est née. Je te la recommande ainsi, parce qu'elle vient du pays où je suis né moi-même. »

Tout arriva comme il l'avait prévu et ordonné. Le soir du jour où le religieux avait recueilli la voyageuse, comme il rentrait au monastère, Columba ne lui fit aucune question, mais lui dit : « Que Dieu te bénisse, cher enfant, toi qui as eu soin de l'exilée ; tu la verras dans trois jours regagner sa patrie. » Et en effet, au terme prédit, elle s'éleva de terre devant son hôte ; puis, après avoir cherché un moment sa route dans les airs, elle dirigea son vol à travers la mer, droit sur l'Irlande. Les matelots des Hébrides connaissent tous et racontent encore cette histoire. Parmi nos lecteurs il n'y a personne, j'aime à le croire, qui n'eût voulu répéter ou mériter la bénédiction de Colomba.

***

Puis sortant du grenier pour retourner au monastère, et arrivé à moitié chemin, il dut s'asseoir pour se reposer à l'endroit que marque encore une des croix anciennes d'Iona. A ce moment il voit accourir un ancien et fidèle serviteur, le vieux cheval blanc qui était employé à porter de la bergerie au monastère le lait qui servait chaque jour à la nourriture des frères. Il venait poser sa tête sur l'épaule de son maître comme pour prendre congé de lui. Les yeux du vieux cheval avaient une expression si plaintive, qu'ils semblaient baignés de larmes. Diarmid voulut l'éloigner, mais le bon vieillard l'en empêcha : « Ce cheval m'aime, lui aussi, laisse-le près de moi ; laisse-le pleurer mon départ. Le Créateur a révélé à cette pauvre bête ce qu'il t'avait caché à toi, homme raisonnable. » Sur quoi, tout en caressant l'animal, il lui donna une dernière bénédiction.

OZANAM

SUR

la compassion et l'affection de S. François d'Assise pour les animaux.

LES POÈTES FRANCISCAINS EN ITALIE AU TREIZIÈME SIÈCLE... PAR A.-F. OZANAM... SIXIÈME ÉDITION... PARIS... LIBRAIRIE VICTOR LECOFFRE... 1882

***

SAINT FRANÇOIS

***

... Ses heures se passaient quelquefois à louer l'industrie des abeilles ; et lui, qui manquait de tout, leur faisait donner en hiver du miel et du vin, afin qu'elles ne périssent pas de froid. Il proposait pour modèle à ses disciples la diligence des alouettes, l'innocence des tourterelles. Mais rien n'égalait sa tendresse pour les agneaux, qui lui rappelaient l'humilité du Sauveur et sa mansuétude. La légende rapporte que, voyageant en compagnie d'un Frère dans la marche d'Ancône, il rencontra un homme qui portait sur son épaule, suspendus à une corde, deux petits agneaux. Et comme le bienheureux François entendit leurs bêlements, ses entrailles furent émues ; et, s'approchant, il dit à l'homme : « Pourquoi tourmentes-tu mes frères les agneaux en les portant ainsi liés et suspendus ? » L'autre répondit qu'étant pressé d'argent, il les portait au marché voisin pour les vendre aux bouchers, qui les tueraient. « A Dieu ne plaise! s'écria le saint; mais prends plutôt le manteau que je porte, et fais-moi présent de ces agneaux. » L'autre, ne demandant pas mieux, les donna, et prit en retour le manteau, qui était d'un bien plus grand prix, et qu'un chrétien fidèle avait prêté au saint le matin même, à cause du froid. Or François tenait les agneaux dans ses bras ne sachant qu'en faire; et, après en avoir délibéré avec son compagnon, il les rendit à leur premier maître, lui faisant une obligation de ne jamais les vendre et de ne leur causer aucun mal, mais de les conserver, de les nourrir et d'en prendre grand soin. Tout est charmant dans ce récit, et l'on ne sait qu'y admirer le plus, ou de la tendre faiblesse du saint pour les petits agneaux, ou de sa candide confiance en leur maître.

Si François, par son innocence et sa simplicité, était revenu pour ainsi dire à la condition d'Adam, lorsque ce premier père voyait toutes les créatures dans une lumière divine et les aimait d'une fraternelle charité; les créatures, à leur tour, lui rendaient la même obéissance qu'au premier homme, et rentraient pour lui dans l'ordre détruit par le péché. C'est un trait remarqué chez plusieurs saints, que ces âmes régénérées avaient ressaisi l'ancien empire de l'homme sur la nature.

Les Pères de la Thébaïde étaient servis par les corbeaux et les lions ; saint Gall commandait aux ours des Alpes ; quand saint Colomban traversait la forêt de Luxeuil, les oiseaux qu'il appelait venaient se jouer avec lui, et les écureuils descendaient des arbres pour se poser sur sa main. La vie de saint François est pleine de semblables faits attesté par témoins oculaires, et qu'il faut bien admettre, soit qu'on les explique par cette puissance de l'amour qui tôt ou tard commande et obtient l'amour ; soit plutôt qu'en présence des serviteurs de Dieu les animaux n'éprouvent plus cette horreur instinctive que notre corruption et notre dureté leur inspirent. Lorsque le pénitent d'Assise, tout abîmé de jeûnes et de veilles, quittait sa cellule et se montrait dans les campagnes de l'Ombrie, il semble que sur cette figure amaigrie, où il n'y avait presque plus rien de terrestre, les animaux ne voyaient plus que l'empreinte divine, et ils entouraient le saint pour l'admirer et le servir. Les lièvres et les faisans se réfugiaient dans les plis de sa robe. S'il passait près d'un pâturage, et que, suivant sa coutume, il saluât les brebis du nom de sœurs, on dit qu'elles levaient la tête et couraient après lui, laissant les bergers stupéfaits. Lui-même, sevré depuis si longtemps des jouissances des hommes, prenait un doux plaisir à ces fêtes que lui faisaient les bêtes des champs. Un jour qu'il était monté au mont Alvernia pour y prier, un grand nombre d'oiseaux l'environnèrent avec des cris joyeux, et battant des ailes comme pour le féliciter de sa venue. Alors le saint dit à son compagnon : « Je vois qu'il est de la volonté divine que nous séjournions ici quelque peu, tant nos frères les petits oiseaux semblent consolés de notre présence. » ... Comme il commençait le cours de ses prédications, il arriva qu'en traversant la vallée de Spolète, non loin de Bevagna, il passa par un lieu où il y avait une grande multitude d'oiseaux, et surtout de moineaux, de corneilles et de colombes. Ce qu'ayant vu le bienheureux serviteur de Dieu, à cause de l'amour qu'il portait même aux créatures dépourvues de raison, il courut à cet endroit, laissant pour un moment ses compagnons sur le chemin. Or, à mesure qu'il s'approchait, il vit que les oiseaux l'attendaient, et il les salua, selon son usage. Mais, admirant qu'ils ne se fussent point enfuis à sa vue, il fut rempli de joie, et les pria humblement d'écouter la parole de Dieu. Et il leur dit : « Mes frères les petits oiseaux, vous devez singulièrement louer votre Créateur et l'aimer toujours ; car il vous a donné des plumes pour vous couvrir, des ailes pour voler, et tout ce qui vous est nécessaire. Il vous a faits nobles entre tous les ouvrages de ses mains ; il vous a choisi une demeure dans la pure région de l'air. Et, sans que vous ayez besoin de semer ni de moissonner, sans vous laisser aucune sollicitude, il vous nourrit et vous gouverne. » A ces mots, selon ce qu'il rapporta lui-même et ce qu'affirmèrent ses compagnons, les oiseaux, se redressant à leur manière, commencèrent à battre des ailes. Mais lui, passant au milieu d'eux, allait et venait, et les effleurait du bord de sa robe. Enfin il les bénit, et, faisant sur eux le signe de la croix, il leur permit de s'envoler. Après quoi, le bienheureux Père s'en alla avec ses disciples, pénétré de consolation. Mais, comme il était parfaitement simple[1], par l'effet, non de la nature, mais de la grâce, il commença à s'accuser de négligence pour n'avoir pas prêché aux oiseaux jusqu'à ce jour, puisqu'ils écoutaient la parole de Dieu avec tant de respect.

... Rien n'était d'un plus grand exemple que cette horreur de la destruction, poussée jusqu'à écarter les vers du chemin, jusqu'à sauver les brebis de la boucherie, dans un temps qui supportait les cruautés de Frédéric II et de son lieutenant Eccelin le Féroce, qui devait voir le supplice d'Ugolin et les Vêpres siciliennes. Cet homme, assez simple pour prêcher aux fleurs et aux oiseaux, évangélisait aussi les villes guelfes et gibelines; il convoquait les citoyens sur les places

1. V. note 10.

publiques de Padoue, de Brescia, de Crémone, de Bologne ; il commençait son discours en leur souhaitant la paix. Puis il les exhortait à éteindre leurs inimitiés, à conclure des traités de réconciliation. Et, selon le témoignage des chroniques du temps, beaucoup de ceux qui avaient eu la paix en horreur s'embrassaient en détestant le sang versé. C'est ainsi que saint François d'Assise paraît comme l'Orphée du moyen âge, domptant la férocité des bêtes et la dureté des hommes ; et je ne m'étonne pas que sa voix ait touché les loups de l'Apennin, si elle désarma les vengeances italiennes, qui ne pardonnèrent jamais.

LE CARDINAL NEWMAN

SUR

la compassion de S. Philippe Néri pour les animaux souffrants.

MEDITATIONS AND DEVOTIONS OF THE LATE CARDINAL NEWMAN... LONDON... LONGMANS, GREEN, AND CO... 1893...

***

NOVENA OF ST. PHILIP

(5)

May 21

PHILIP'S TENDERNESS OF HEART

***

He was very tender towards brute animals. Seeing someone put his foot on a lizard, he cried out, 'Cruel fellow! what has that poor animal done to you?'

Seeing a butcher wound a dog with one of his knives, he could not contain himself, and had great difficulty in keeping himself cool.

He could not bear the slightest cruelty to be shown to brute animals under any pretext whatever. If a bird came into the room, he would have the window opened that it might not be caught.

PRAYER

PHILIP, my glorious Advocate, teach me to look at all I see around me after thy pattern as the creatures of God. Let me never forget that the same God who made me made the whole world, and all men and all animals that are in it. Gain me the grace to love all God's works for God's sake, and all men for the sake of my Lord and Saviour who has redeemed them by the Cross. And especially let me be tender and compassionate and loving towards all Christians, as my brethren in grace. And do thou, who on earth wast so tender to all, be especially tender to us, and feel for us, bear with us in all our troubles, and gain for us from God, with whom thou dwellest in beatific light, all the aids necessary for bringing us safely to Him and to thee.

LE CARDINAL MANNING,

ARCHEVÊQUE DE WESTMINSTER,

SUR

la Vivisection.

THE ZOOPHILIST.... LONDON, JULY 1, 1881.

***

VICTORIA STREET SOCIETY.

The Annual Meeting of this Society was held on Saturday last in the spacious drawing-rooms of the Lord Chief Justice of England's mansion in Sussex Square the chair being taken by the Earl of Shaftesbury, K. G....

***

CARDINAL MANNING[1] : I shall scrupulously follow the example of our noble chairman by saying only a very few words. Meeting here to-day, in the house of the Lord Chief Justice, we have very high sanction for our work. We should not have met here if a very wise head full of deliberation had not given our object his sanction. So far that we are not likely to be challenged either on points of law or of wisdom. Being here to-day, the duty that falls upon me is to propose « That the transactions, No. 2, of the Victoria Street Society, be adopted as the report of the Society ». I am very

1. V. note 11.

glad to move this resolution, for in two years I have not had the opportunity of expressing what I feel on this subject. There are men present now who know that before that period I was not slow in expressing strongly what I feel and desire. Then conviction had not been awakened, and I take the first opportunity that has been offered to me to renew publicly my firm determination, so long as life is granted me, to assist in putting an end to that which I believe to be a detestable practice without scientific result, and immoral in itself — (cheers) — and believing, as I do, that it cannot be controlled, that we have endeavoured to control it, that we have had a most elaborate commission and report, that commission and report laid down the member of conditions under which this practice must be admitted; legislation was founded on that report, and I believe not only has that legislation been ineffectual, but that are have been entirely hoodwinked and the law has not been carried into effect. I believe the time has come, and I only wish that we had the power, legally to prohibit altogether the practice of vivisection. (Applause.) I am quite prepared then to adopt the report in my hand; and I do so for reasons which I find in the report itself which I read through attentively and carefully this morning. One reason why I am glad to adopt the report is contained in the memorial to Mr. Gladstone (page 25) where I read : — « The Act 39 and 40 Vict., c. 77, which promised to effect the reconciliation between the claims of science and humanity, has proved so ineffectual that some of the experiments cited as typically cruel before the Royal Commission (notably Dr Rutherford's) have been in 1878 repeated under the direct sanction of the law ; while three times as many vivisectors were licensed in 1878 as there were men engaged in such pursuits throughout the kingdom in 1875. » That passage, I think, was written after careful and exact examination of the facts, all abundantly proving what is asserted, viz., that the statute that was passed two years ago has been ineffectual, and that as we cannot control we must prohibit. (Cheers.) I read also in the same document that Dr. Lauder Brunton experimented on ninety cats, and Dr. Rutherford on forty dogs, all of whom endured many days of torture ; of cases of dogs and rabbits baked and stewed to death by Claude Bernard ; and of twenty-five dogs covered with turpentine and roasted alive by Professor Wertheim ; and I only ask whether, in the name of « science », experiments of that kind can be permitted ? The same document says, and says most wisely : « Let not the name of science be made odious by responsibility for deeds which, if committed openly in our streets, would call forth the execrations even of the roughest of the populace. » Then, again : « The history of the existing Act has shown that it is futile to attempt to separate the use of vivisection (if lawful use it have) from abuse. Between sanctioning its atrocities and stopping the practice altogether there is no middle course. » By prohibiting vivisection « You will at one and at the same moment save numberless animals from pangs which add no small item to the sum of misery upon earth, and men from acquiring that hardness of heart and deadness of conscience for which the most brilliant discovery of physiology would be few compensation. » I think these sentences are both weighty and true. (Hear, hear.) I was not before aware of the horrors which had been perpetrated. In page 34 of the Report there is a reference to the pamphlet on the Action of Pain on Respiration, by the physiologist Mantegazza. The professor describes the methods which he devised for the production of pain. It seems they consist in « planting nails, sharp and numerous, through the feet of the animal in such a manner as to render the creature almost motionless, because in every movement it would have felt its torment more acutely. » Further on he mentions that, to produce still more intense pain he was obliged to employ lesions, followed by inflammation. An ingenious machine, constructed by « our » T..., of M..., enabled him likewise to grip any part of an animal with pinchers with iron teeth, and to crush, or tear, or lift up the victime, « so as to produce pain in every possible way ». The first series of his experiments, Signor Mantegazza informs us, were tried on twelve animals, chiefly rabbits and guinea pigs, of which several were pregnant. One poor little creature, « far advanced in pregnancy », was made to endure *dolori atrocissimi*, so that it was impossible to make any observations in consequence of its convulsions. Nothing can justify, no claim of science, no conjectural result, no hoped for discovery, such horrors as these. (Applause.) Also, it must be remembered, that whereas these torments refined and indescribable are certain, the result is altogether conjectural — everything about the result is uncertain but the certain infraction of the first laws of mercy and humanity. (Loud applause.) But on the other hand I know that Sir William Fergusson, whom we have lately lost, has declared that science had never received the slightest augmentation from vivisection, and no man had greater experience than he; and when I know that Sir Charles Bell, who with the practical knowledge of Fergusson had a scientific genius peculiarly his own, has left a record that no gains to science have resulted from vivisection[1], then I say we are mislead if we believe that vivisection leads us legitimately on to the path of discovery. (Hear, hear.) I am firmly convinced that there is only one thing to do, and that is to make the statute law of the land stronger than it is. Let no one believe that England is free from the enormities practised abroad. I love my country and my countrymen, but I will not confide in the notion that that which is practised abroad has not been and cannot be practised in our midst; and if I thought that there was at this moment a comparative exemption in England, I would say, « Let us take care that there shall never be the re-action of the continent on this country, for it is true and certain that whatever is done abroad within a little while is done among ourselves, unless we render it impossible that it should be done ». One of the most interesting parts of this report is that which states that the young men of both the universities had been engaging themselves on the subject, and that in the Oxford Union Debating Society when the subject was discussed, the anti-vivisectionists carried the resolution. The opinions of the young men of the day are the prophecies of the future, and if we can educate our young men in

1. V. note 12.

an abhorrence of cruelty, practised in the name of science, your hands will be so strengthened that the day will not be far distant when you will be able to control this great evil. (Loud applause.)

S. E. LE CARDINAL GIBBONS,

ARCHEVÊQUE DE BALTIMORE,

SUR

l'humanité envers les animaux dans l'ancienne et la nouvelle Loi.

THE ANIMALS' FRIEND... JANUARY, 1896

***

The old law commanded : « Thou shalt not muzzle the ox when he treadeth out the corn. » Certainly the law of Christ is not less benevolent to the creatures that minister to the comfort and needs of man.

Faithfully yours in Christ.

† J. CARD. GIBBONS.

S. G. MGR BAGSHAWE,

ÉVÊQUE DE NOTTINGHAM,

SUR

la Vivisection.

SPECIAL SUPPLEMENT TO THE ZOOPHILIST.... LONDON, DECEMBER 1, 1893.

***

NATIONAL ANTI-VIVISECTION CONFERENCE AT NOTTINGHAM.

[SPECIALLY REPORTED.]

FIRST DAY'S PROCEEDINGS.

***

Bishop BAGSHAWE (Nottingham) : I am sorry that I cannot agree with our Chairman's proposal that there should be left certain centres in which vivisection should be carried on with the sanction of the State, for I think that the arguments his lordship so ably put forward as to the impossibility of providing any adequate supervision and preventing cruelty are conclusive, inasmuch as those who are entrusted with the recommendation of such centres are themselves vivisectors, and the higher they get in their profession, sometimes the most cruel vivisectors; we should have no sort of security against these evils continuing-perhaps in fewer centres, but still continuing in our midst and handing down traditions of cruelty to succeeding generations. I think the discussion has been exceedingly interesting, and especially the papers that have been read, showing that the vivisectors can prove nothing as gained to science by what they have done. They have really never made out a case for vivisection, and the admissions that we have heard read to-day show that they have no case; but, whether they have or not, I think the objections to vivisection are extremely grave. In the first place, it leads to a great deal of error, as the vivisectors themselves have acknowledged. They can come to no certain conclusions, because they examine the conditions of life under circonstances so utterly disturbing of the ordinary processes of life. And again, that which is natural to one animal is not necessarily natural to man. Indeed, they themselves are now often saying that vivisection upon animals is of little or no use; that nothing good with be gained until they vivisect men. I do think that that is a most fearful danger. (Hear, hear.) From what I have heard I have no doubt that in some foreign hospitals, and, I fancy, a good deal quietly among ourselves, experiments are made of one kind or another upon poor patients, simply as experiments, without reference to their good. If that is the case it is a most awful thing, and that it will be the case if scientic vivisection goes on and increases I do not think any one can possibly doubt. I hold that the danger of putting a weapon of this kind in the hands of those who have power over the poor in our hospitals far outweighs any possible gain there might be to science. There is another grievous danger in vivisection. It is now claimed that psychology is a part of physiology; that the science of mind is merely a department of the science of the human frame, with its germ cells and other parts by which its action is developed; and that mind distinctly is the activity of those germ cells; that is to say, that mind proceeds from matter, and that matter can generate intelligence, and will. Well, I think you will all see that that is a denial of the human soul, and would lead to a denial of Almighty God's action. If matter can develop into mind, and will, and intelligence, matter may have created the world. They certainly do claim — for the sentence I am referring to was very distinct — that inasmuch as mind was the activity of an organism, therefore necessarily psychology, or the science of mind, was a mere department of physiology, or the science of the body. To encourage such speculations is a most horrible evil. If doctors are to be turned from their proper position and made to talk of these things of which they understand nothing, and confound sciences together in that absurd fashion — to say that because they are good with the microscope therefore they can understand and teach us all about the intelligence and the mind — it is a very grievous evil, and, I suppose, absolutely destructive of Christianity. Another and perhaps the worst evil of vivisection is, that it encourages that cruelty which is certainly one of the characteristics of fallen man, a passion which he likes to gratify as much as he likes to gratify other passions, and which easily grows to a monstrous extent if it is at all encouraged. When one reads the accounts written by vivisectors themselves of their spending day after day in torturing whole multiples of animals with the most fearful torture, apparently with no direct object at all (because, in by far the greater part of their experiments there is nothing to be proved except to see the results of their torture and the pain that it inflects) one cannot but shudder at the idea of such a fearful amount of cruelty being pandered to and allowed to grow in their hearts. Really, I feal that I could scarcely shake hands with or acknowledge as a friend at all a man who could deliberately spend his days in that kind of thing (cheers); and I am quite sure, however much they may talk about their not forgetting the difference between man and other animals, any man who takes a delight in vivisecting dogs all day long would not hesitate very much at vivisecting men if he got the chance of doing it without any opprobrium. I do not hold exactly with the « rights » of animals. I have noticed a confusion in some of the speeches on this question between animals and man. Men have reason and free will, and it is necessary to have reason and free will in order to have a right properly speaking at all. That which is not intelligent has not a right. But nevertheless, we have duties, though they have not rights. We have the duty to imitate our Creator; our Creator is infinite mercy; and, to cultivate in ourselves habits of cruelty, when He is infinite mercy, is assuredly not fulfilling that duty. I think it to be certainly a sin and a crime to be cruel to animals, for the reasons I have given, not that it violates any rights the animals have, but because it is entirely opposed to the divine injunction to fashion ourselves in the likeness of God. (Hear, hear.)

THE ANIMALS' FRIEND... JANUARY, 1896

***

(ii) I think vivisection in practice wholly abominable and detestable, and most dangerous to mankind.

I do not believe it has produced any good results, but, rather, many mischievous ones, especially that of diverting young medical men from legitimate study and dissection.

It is impossible that even a hundredth part of the atrocious cruelties which vivisectors (by their own account of themselves) spend their days in inflicting on helpless living creatures can be practiced without turning a man into something like a cruel devil.

The developed taste for blood and cruelty must in the end find its full satisfaction in the vivisection of human beings when they have the misfortune to come under the power of our future doctors. There is too much of it, I fear, going on already in our hospitals, and in practice among the poor.

† EDWARD, BISHOP OF NOTTINGHAM.

The Cathedral, Nottingham,
Nov. 15th, 1895.

LE T. R. DOM GASQUET,

CONSULTEUR DE LA COMMISSION PONTIFICALE DES ÉGLISES D'ORIENT,

SUR

l'enseignement de la pitié envers les animaux par l'Église au Moyen-Age.

THE DUBLIN REVIEW.... APRIL 1897.

***

ART. 1. — HOW OUR FATHERS WERE TAUGHT IN CATHOLIC DAYS.

SOME few years ago I attempted in the pages of this REVIEW to show that the instruction given by the English priests in pre-Reformation times was by no means so hopelessly inadequate as it suited the sectarian purposes of some writers to represent. In fact, an extended and careful examination of original and much-neglected sources had compelled me to come to a very different conclusion....

***

The volume I propose to submit to the test of examination is one that is said to have been very popular in the fifteenth century. It is called « Dives et Pauper » — the rich and the poor man — and its purpose is thus declared in the colophon at the end of one copy : « Here endeth a compendious treatise or dialogue of Dives and Pauper : that is to say, the rich and poor, fructuously treating upon the Ten Commandments. »…. The fact that it was considered a volume of sufficient interest and importance to warrant its publication by the first English printers among the earliest fruits of the newly discovered art of printing will be sufficient to attest its popularity, and the value attached to it by the ecclesiastical authorities.

***

… After carefully reading the volume and noting any illustrations of the time, and of the circumstances of the English people when the author was writing, I am strongly of the opinion that the book was composed sometime in the first decade of the fifteenth century…. The passages quoted will be given as in the original, but for the convenience of the reader in a modern spelling.

***

It is somewhat curious at a time when, as we have been led to suppose, cruelty, especially to animals, was little considered, to find our author speaking strongly against the wanton and unnecessary killing of God's creatures.

When God forbade man to eat flesh [he says], he forbade him to slay beasts in any cruel way, or out of any liking for shrewness. Therefore, He said, « Eat ye no flesh with blood » (Gen. IX), that is to say, with cruelty; « for I shall seek the blood of your souls, at the hands of all beasts. » That is to say : I shall take vengeance for all the beasts that are slain only out of cruelty of soul and a liking for shrewness. For God that made all hath care of all, and He will take vengeance upon all that misuse His creatures. Therefore, Solomon saith, « that He will arm creatures in vengeance on their enemies » (Sap. V.); and so men should have thought for birds and beasts and not harm them without cause, in taking regard they are God's creatures. Therefore, they that out of cruelty and vanity behead beasts, and torment beasts or fowl, more than is proper for man's living, they sin in case full grievously.

***

FRANCIS A. GASQUET.

LE RÉV. PÈRE LESCHER,

DES FRÈRES PRÊCHEURS,

SUR

la Vivisection.

THE PRACTICE OF VIVISECTION BY WILFRID LESCHER, O. P.... STROUD :... J. ELLIOTT, STROUDWATER PRINTING OFFICE.... 1894.

***

... Whatever meaning may be given to the word *Rights*, I intend to show that in animals there is a something — call it right, or call, or claim — which is an intrinsic bar to cruelty, and renders that cruelty a sin. In other words there is a real objective counterpart to the acknowledged sin of cruelty to animals, and that it is to be found in the animal's nature. Cardinal Zigliara says, *Peccatum est crudelitas etiam in bestias,* because thereby the cruel person *ponit actionem dissonam a fine et ordine Creatoris*. Words could not more clearly point to an objective law. He denies to animals *jura,* and by these he evidently understands rights in their high human sense only.

It it strange indeed to hear it put forward as an axiom that Animals have no rights. As an academic proposition it might pass, but it would then assuredly never merit discussion, for it is in that sense a truism. But when put forward in order to

Vivisection we begin to see that in it there is a grim something which calls for strong opposition. For it is used as a cover to the grossest cruelties and the most frightful abuses. It is meant in earnest to justify animals being used as the toys of man's torturing and tearing instruments, as the objects of his vicious caprice, to assert a dominion over them as absolute and as despotic as over the tries and shrubs of the earth. Its most vehement assertors cannot defend it. For if Animals have no rights, it follows that there is no such thing as cruelty to animals, or that cruelty to animals is not wrong. They do not, they dare not, assert that consequence. Of what use then is the proposition except to fortify a dangerous practice, and to put a convenient sophistry into the Vivisector's hand?

***

That an animal has a distinct place in creation, that it has a relation to man above a plant is distinctly laid down by St. Thomas. He treats of the dominion of man over other creatures, and he says that his dominion over plants and other lower things is unlimited. Man uses them *absque impedimento*. Cajetan, the first of Thomist commentators says that man over these *habet dominium despoticum*. But his dominion over animals is limited. The limit is their own living and sensitive nature, which reason tells us is higher and better than inanimate natures, subject to less of law and more entitled to freedom.

***

... It is difficult to believe that the *open sesame* of Science is only to be found in the cries of the animal creation, at the expence of man's demoralization. There are some also, we must not forget, who deny that these facts are of any use, or have caused any good. Authorities of undoubted worth have declared this, which shows that the boasting of Vivisectors proves a great deal too much.

Further, granting the use, it must be subject to the general good, and that good is paramount in the general morality. The people recognise that the treatment of animals is a moral question. The Acts against cruelty are a sufficient proof that the country is agreed to place absolutely the reasonable and humane treatment of animals above their mere utility....

***

That animals are meant, in the providential order of things, to educate both the thought and affection of man is proved by the fact that they have that influence. The wrong treatment of them must produce a distorted character, as experience shows. No one will deny that great and habitual cruelty in a child towards animals is rightly looked on everywhere as a very bad augury, and is the proof of a depraved disposition. To hear the speech of Vivisectionists we might almost regard this as an antiquated idea. The common sense of mankind will, however, assert itself, and will assuredly continue to regard kindness to animals as an index to private character, and the Laws which injure it as harmful to the national character itself.

As to the theological aspect of Vivisection I have said enough to show that the principles of a satisfactory solution are contained in Catholic Theology. The kernel of the matter is in man's dominion over creatures. St. Thomas treats that distinctly. The corresponding term is in the animal's nature. Here the question has not yet been treated adequately, but enough is said to point in the same direction, and to show that the subjective law has an objective counterpart.

THE CATHOLIC TIMES AND CATHOLIC OPINION.... FRIDAY, NOVEMBER 11, 1898.

***

SIR, — It does not seem extravagant to say that animals have got rights. It is true that they have not human rights, but as there is in them a nature demanding a treatment quite above that accorded to wood or iron, plants and shrubs (as St. Thomas says), so it is reasonable to claim for them rights — animal rights. There is no theological or philosophical consensus against this proposition, which we should hold all the more firmly as we see the opposite favoured by the advocates and defenders of vivisection. Animals are not mere things, nor would any civilised law allow them to be treated as such.—Yours, etc.

WILFRID LESCHER, O. P.

November 7th.

LES « MÉDITATIONS

SUR LA VIE DE N.-S. JÉSUS-CHRIST »

DE

Mme ABEL RAM

(avec une Préface du Cardinal Manning et une lettre d'approbation du T. R. Père Chocarne, des FF. PP.)

SUR

S. Marc I, 13.

THE MOST BEAUTIFUL AMONG THE CHILDREN OF MEN.... MEDITATIONS UPON THE LIFE OF OUR LORD JESUS CHRIST.... BY MRS. ABEL RAM.... WITH A PREFACE BY THE CARDINAL ARCHBISHOP OF WESTMINSTER.... SECOND EDITION.... R. WASHBOURNE,... 1889....

***

« And He was in the desert forty days, and forty nights; and was tempted by Satan, and He was with beasts, and the Angels ministered to Him. » — St. Mark i. 13.

***

II. A touching legend shows me the gracious Saviour seated on a rock, with savage animals lying peacefully at His feet, and little birds singing sweet songs about His head, as they nestle in the folds of His garments. I learn from the sight of Jesus dwelling amongst animals that purity and innocence attract all hearts, and that if I would resemble Jesus, I must live at peace with all, supporting the defects and ill-humour of my fellow-creatures with patience and charity, showing kindness to those who are rough and overbearing, as well as to be meek and gentle. I learn also to be kind to all dumb animals, which are creatures of Jesus, and which He loves — since He dwells amongst them — and I learn never wilfully to hurt them, but to cherish them, as each represents a thought of the Creator, and a gift at His hands.

LE « CATÉCHISME CATHOLIQUE
POUR LE DIOCÈSE DE MAYENCE »
SUR
la cruauté envers les animaux.

Katholischer Katechismus für das Bistum Mainz.... Mainz, ... Verlag von Franz Kirchheim.... 1893.

***

Gewissenserforschung.

***

Fünftes Gebot.

***

Habe ich Tiere gequält?

***

Von den zehn Geboten Gottes.

***

Das fünfte Gebot Gottes.

***

Die Tiere ohne Not oder Nutzen töten oder quälen, ist sündhaft. « Der Gerechte sorgt auch für sein Vieh, aber das Herz der Gottlosen ist grausam. » Spr. 12, 10.

LE « CATÉCHISME DE FAMILLE »

DU

RÉV. Dr ROLFUS

(avec des lettres d'approbation de LL. GG. les Évêques de Mayence, Limbourg, Linz, Coire, Basle-Lugano et St Gall)

SUR

la cruauté envers les animaux.

Katholischer Hauskatechismus,... von Dr. Hermann Rolfus, Erzbischöflicher Geistlicher Rat und Pfarrer in Sasbach am Kaiserstuhl.... Mit bischöflichen Approbationen und Empfehlungen.... Zweite Auflage.... Benziger & Co.,... Einsiedeln,... 1897.

***

Fünftes Gebot.

***

§ 100. Von der Thierquälerei.

Auch über die Behandlung der Tiere haben wir Vorschriften. Das fünfte Gebot untersagt den Menschen, die Tiere unnützer Weise zu quälen und zu plagen, gebietet vielmehr, auch gegen diese barmherzig zu sein. Got hat den Menschen zum Herrn gesetzt über die ganze Erde, und alle Tiere sind in seine Hand gegeben. Er darf dieselben zu seinem Nutzen verwenden, und darf die schädlichen von sich abwehren. Aber er musz für die sorgen, die zu seinem Dienste sind, und darf, wenn er Tiere töten musz, denselben keine gröszeren Schmerzen verursachen, als notwendig ist. Insbesondere sind es die Haustiere, denen Pflege und Wartung gebührt, denn sie können sich nicht selbst helfen, können nicht klagen und sind willenlos in die Hand der Menschen gegeben. Was wäre der Mensch, wenn er die Tiere nicht hätte? Ist es also nicht schändlich, wenn ein Mensch in roher Gefühllosigkeit einem Tiere absichtlich Schmerzen verursacht oder aus Leichtsinn und Nachlässigkeit dasselbe schädigt? Wie der Mensch, so hat auch das Tier fünf Sinne und auch das Tier fühlt den Schmerz. Schon der eigene Nutzen sollte dem Menschen Schonung gegen die Haustiere gebieten. Die heilige Schrift gebietet es aber auch ausdrücklich :

« **Der Gerechte sorgt auch für sein Vieh, aber das Herz der Gottlosen ist grausam.** » (Sprich. 12, 10.)

Insbesondere soll man an folgende Regeln sich halten :

Wenn ein Tier geschlachtet wird, so soll es auf eine solche Weise geschehen, dasz der Tod möglichst beschleunigt wird, und demselben nicht unnötige Qualen bereitet werden. Welcher Abscheulichkeiten macht sich doch der Mensch nicht schuldig! Man denke nur an die geknebelten Kälber, Schafe und Schweine, an die miszhandelten Karrengaüle, die gehetzten Stiere, die lebendig gesottenen Fische. Wer kein Mitleid hat, wenn er ein Kalb auf dem Wagen geknebelt liegen und in der Sommerhitze den Stichen der Insekten ausgesetzt sieht; wenn er sieht, wie es hilflos die Zunge herausstreckt, wie sein Kopf am Wagen herumgeschlagen, und es vom Wagen auf den Boden herabgeworfen wird man es Tag und Nacht liegen läszt — wer das und ähnliches sieht, und wem das nicht Wehe thut, und wer nicht Abhilfe zu bringen wünscht, der verdient den Namen eines Menschen nicht, der ist kein Kind des himmlischen Vaters, von dem es heiszt :

« Er giebt dem Vieh seine Speise und den jungen Raben, die zu ihm rufen. » (Ps. 146, 9.)

« Verkauft man nicht fünf Sperlinge um zwei Pfennige? Und nicht einer von ihnen ist vergessen vor Gott. » (Luk. 12, 6.)

Beispiele.

Wie sehr der Herr selbst auf die vernunftlosen Geschöpfe Rücksicht nimmt, das sehen wir am deutlichsten aus der Geschichte des Ionas. Denn als dieser ungehorsame Prophet darüber murrte, dasz Ninive nicht unterging, sprach der Herr zu ihm : « Sollte Ich kein Mitleid haben mit Ninive, der groszen Stadt, in welcher mehr als 120 000 Menschen sind, die den Unterschied zwischen ihrer rechten und linken Hand nicht kennen, und **so viele Thiere.** » (Ion. 4, 11.)

Moses gab den Israeliten strenge Gesetze, welche auf die Schonung der Tiere berechnet waren :

« Wenn du den Ochsen deines Bruders oder sein Schaf herumirren siehst, sollst du nicht vorübergehen, sondern deinem Bruder sie zurückführen. » (v. Mos. 22, 1.) « Wenn du den Esel deines Bruders oder seinen Ochsen fallen siehst auf dem Wege, so sollst du es nicht verschmähen, sie aufzurechten mit ihm. » (v. Mos. 22, 4.) Und dasselbe soll auch gegen den Ochsen und den Esel des **Feindes** beobachtet werden. « Du sollst nicht pflügen mit einem Ochsen und einem Esel zusammen. » (v. Mos. 22, 10.) Sogar zeitlicher Segen wird dem versprochen, der die Thiere schont; denn Moses gebietet : « Wenn du auf dem Wege bist und auf einem Baume oder auf der Erde ein Vogelnest findest, worin die Mutter über den Iungen oder den Eiern sitzt, so nimm sie nicht mit den Iungen, sondern lasz sie fliegen und behalte die Iungen, **auf dasz es dir wohlgehe und du lange lebest.** » (v. Mos. 22, 6.) Bei den Israeliten war es gebräuchlich, die Getreidegarben von den Ochsen austreten zu lassen. Da gab es geizige Leute, welche den Ochsen das Maul verbanden, dasz sie nichts fressen konnten. Deshalb wurde geboten : « Du sollst dem Ochsen, der auf deiner Tenne deine Früchte drescht, das Maul nicht verbinden. » (v. Mos. 25, 4.) Im dritten Gebote Gottes war ausdrücklich befohlen, dasz auch das Tier am Sabbat nicht arbeiten dürfe :

« Sechs Tage sollst du arbeiten, am siebenten Tage sollst du innehalten, dasz dein Ochs und Esel ruhe. » (II. Mos. 23, 12.) Ia, um in den Israeliten ein recht zartes Gefühl zu pflegen, war geboten : « Das Böckchen sollst du nicht kochen in der Milch seiner Mutter. » (II. Mos. 23, 19.)

LE T. R. PRÉLAT LANDSTEINER,

DOYEN MITRÉ DE LA COLLÉGIALE DE NIKOLSBURG,

SUR

un livre de propagande protectrice du Rév. Père Podlaha, Piariste,

ET SUR

la Vivisection.

Erzählungen des Pfarrers von Kirchthal.... Von Wilhelm Podlaha.... Neu herausgegeben und mit einem Lebensbilde des Verfassers versehen von Karl Landsteiner.... Zweite, durchgesehene und verbesserte Auflage.... Wien.... Im Verlage des Wiener Thierschutz-Vereines.... 1896.

Wilhelm Podlaha's Leben und Wirken.

***

In den « Erzählungen des Pfarrers von Kirchthal » sollte gezeigt werden, was der Mensch durch gute und schlechte Behandlung der Thiere werden könne. Dem thierfreundlichen, braven und herzensguten Michel wird der bösartige Thierquäler und auch sonst nichtsnutzige Kilian entgegengestellt; während dieser immer tiefer sinkt, bis er als Verbrecher endet, steigt Michel empor und wird ein reicher, angesehener Groszbauer. Das Ganze erinnert an Hogarth's charakterische Darstellung der Laufbahn eines Fleiszigen und eines Faulen und ist auch eine Art von gutem

Fridolin und bösem Dietrich vom Standpunkte des Thierschutzes aus.

***

Vorwort zur zweiten Auflage.

Ich bezeichne diese Ausgabe der « Erzählungen des Pfarrers von Kirchthal » als zweite Auflage, obwohl das Buch in der ursprünglichen Fassung schon mehrere Auflagen erlebte. Es ist aber die zweite Auflage meiner Bearbeitung.

Diesmal hat sich der Wiener Thierschutzverein — auf meine Anregung — des schönen Werkchens besonders angenommen, indem er eine mit Illustrationen geschmückte Ausgabe auf seine Kosten veranstaltet. Dadurch ist der Verein in den Stand gesetzt, zur Verbreitung des Buches in seinen Kreisen beizutragen. Die schöne Ausstattung lässt aber das Buch auch als Festgeschenk geeignet erscheinen.

General-Bericht des XII. internationalen Thierschutz-Congresses.... Budapest vom 18. bis 21. Juli 1896.... Herausgegeben vom Landesthierschutzverein zu Budapest.... Redigirt vom Generalsecretär des Congresses Dr. phil. JULIUS SZALKAY...

***

CONGRESS-VERHANDLUNGEN.

***

II. Verhandlungstag.

***

Dr. Landsteiner : Meine geehrten Damen und Herren! Wenn wir nur Gefühlsmenschen wären, würde ich meinen Vortrag nicht durch eine Polemik beginnen. Aber leider bin ich gezwungen, mit einer Abwehr zu beginnen. Es ist hier das Wort gefallen, dass der geistliche Stand sich nicht an der Thierschutzsache betheilige. Nachdem hiedurch der ganze Stand angegriffen wurde, muss ich einige Worte der Entgegnung vorbringen, damit man nicht sage, ich war zugegen, ich habe es gehört, doch sei ich wortlos geblieben, wie ein stummer Hund. Man machte diesen Vorwurf, welchen ich nicht hingehen lassen kann. Man sagte auch, dass in der heiligen Schrift nichts enthalten sei für den Thierschutz und dass die Geistlichkeit den Thierschutz nicht unterstütze. Das ist ungerecht. Sehen wir uns um in diesen Saale..... Und nicht zu schweigen von dem grossen Erzbischof Manning, welcher eine Leuchte der Wissenschaft war. Tausende und tausende von Thierschützern wiegen nicht einen solchen Mann auf und er war ein katholischer Bischof. Das allein müsste schon jeden zurückhalten, um gegen die katholische Kirche zu sprechen. Auch meine Wenigkeit hat ein Buch herausgegeben, und allgemein anerkannte man, dass dieses Buch ein werthvolles Mittel des Thierschutzes war.....

... Verehrte Mütter, die Ihr Eure Söhne auf die Universität schicket, sagt den Kindern: «Wollt

Ihr auch Vivisectoren werden? Wollt Ihr das Mutterherz verleugnen? Dann lasset lieber diesen Beruf! » Dies würde eine überaus wichtige Folge haben. Wir haben aber nur Muth in den Congressen dagegen zu donnern, was uns weh thut, und draussen haben wir nicht den Muth, unsere Überzeugung zu vertreten. Wir werden vielleicht beschliessen, die Vivisection abzuschaffen und ich stimme aus vollem Herzen dafür. Damit haben wir aber noch sehr wenig gethan. Da wird noch viel Wasser in der Donau herabfliessen, bis die Herren Professoren die Moral, die wir da predigen, annehmen werden. Sie greifen die Jesuiten an, weil sie den Wahlspruch hatten: Der Zweck heilige die Mittel. Sie aber verwirklichen diesen Grundsatz mit den allergrössten Quälereien, zu denen verglichen die Grässlichkeiten der Geschichte nichts sind, wie ein Kinderspiel.....

S. E. LE CARDINAL CAPECELATRO,

ARCHEVÊQUE DE CAPOUE,

SUR

la compassion et l'affection de S. Philippe Neri pour les animaux.

LA VITA DI S. FILIPPO NERI... DI ALFONSO CAPECELATRO DELL' ORATORIO,... VOLUME PRIMO.... NAPOLI,... R. STAB. TIPOGRAFICO DEL COMM. G. DE ANGELIS E FIGLIO :... 1879.

***

CAPO XI

***

Già dalle cose scritte sinora si può vedere che natura tenera e affettuosa fosse la sua, Ma è bene guardarla un po' più attentamente. I biografi notano che egli fu tenerissimo di cuore anche con gli animali ; onde, per esempio, ci raccontano che un Padre di Congregazione ponendo un piede sopra una lucertola, il Santo se ne rammaricò, e gli disse : « Crudele, che ti ha fatto quell' animaletto ? » — A me pare di vedere in ciò una nuova somiglianza tra lui e quel S. Francesco d'Assisi a cui gli animali erano sì cari. Però il rimprovero di S. Filippo a chi calpesta una lucertola, mi ricorda il rimprovero che fece S. Francesco a un tale che aveva in sulle spalle due agnellini : « Perchè fai tanto patire i miei fratelli agnellini, portandoli a questo modo legati e penzoloni ? »

— Ancora di S. Francesco si legge che le lepri e i fagiani gli si riparavano sotto la tonaca; e lo stesso i biografi ci dicono che fecero spesso cani o agnelli o altri animali con S. Filippo...

***

... Un altro dì, essendosi trovato un uccellino nella capella dove Filippo diceva Messa, disse a chi lo teneva nelle mani: deh che tu non gli faccia male, ma lascialo pure libero. L'uccellino prese il volo e andò via; ma il Santo, come pentito, aggiunse con dolore: Or dubito che il poverino non saprà procacciarsi cibo da sè.

LE T. R. ABBÉ BÉNÉDICTIN TOSTI,
VICE-ARCHIVISTE DU S. SIÈGE,
SUR
l'affection des saints pour les animaux.

DELLA VITA DI SAN BENEDETTO... DI D. LUIGI TOSTI BENEDETTINO-CASSINENSE... MONTE CASSINO... M.DCCC.XCII

***

E qui viene a taglio un' avvertanza necessaria intorno a quel corvo, adusato dal Santo a prendere ogni dì dalle sue mane il cibo ad ora fermata. Questo fatto potrebbe nell' animo del lettore svegliare pensiero irreverente verso il medesimo, quasi che per leggerezza di costume logorasse il tempo a domesticare corvi o altre bestie. Gli uomini, come S. Benedetto, sempre intenti nell' amore di Dio creatore, non potevano contenersi dall' amare ogni cosa che veniva da lui per creazione. In guisa che si tenevano stretti di amore fraterno ad ogni cosa creata per la comunanza del Padre che li aveva creati. E di rimando spesso gli animali irragionevoli, per divina ordinazione, si prestavano a far servizi ai santi uomini che, lontani dall'umano consorzio, nei deserti committavano solo nelle mani di Dio la loro vita. Perciò inermi e soli mai non morirono per infestazione di bestie ferine ; anzi troviamo nelle vite dei Padri del deserto il corvo recatore del pane a S. Paolo primo eremita, e i due leoni accorsi dal fondo del deserto a scavargli la fossa, in cui Antonio compose il di lui corpo. E per questa diffusione di amore fino alle creature irragionevoli S. Francesco chiamava frati gli uccelli, e frate anche il lupo.

LETTRE DE S. E. LE CARDINAL RAMPOLLA,

POUR

S. S. LE PAPE LÉON XIII,

SUR

la Société Protectrice des Animaux, de Paris.

BULLETIN DE LA SOCIÉTÉ PROTECTRICE DES ANIMAUX... MARS 1894... PARIS... 84, RUE DE GRENELLE...

***

RÉPONSE A LA LETTRE ADRESSÉE A S. S. LÉON XIII, AU NOM DU CONSEIL

***

Illmô Signore,

Le Espressioni di riconoscenza e di devozione che la S. V. Illmâ, anche a nome del Consiglio di Amministrazione della Societa, cui presiede umiliava al nostro Santo Padre con lettera del 17 corrente Febbraio, furono sommamente accette al di Lui cuore Paterno, anche per lo scopo altamente umanitario et Christiano, cui tendono, per il che si degna di fargli pervenire per mio mezzo i dovuti ringraziamenti, mentre porgendole i sensi della mia piu distinta stima mi professo [1].

Di V. S. Illmâ,

Roma li 24 Febbraio 1894.

Devmô

Card. RAMPOLLA.

Illmô signor Alberto Uhrich.

1. V. note 13.

NOTES

1.— Page 1.

La *Notitia historica* sur Némésius, citée par Migne de la *Bibliotheca Patrum* de Gallandius, en donne l'appréciation suivante : -

' His positis, jure optimo recensendus videtur Nemesius
' noster inter præcipuos sæculi IV Ecclesiæ doctores, qui
' religionem Christianam summo studio defendendam
' suscepere. '

2.— Page 5.

L'animal qui entre dans ce récit est devenu dans l'iconographie la lionne que *Les Petits Bollandistes* (7e édition, vol. I) donnent pour compagne à saint Macaire le Jeune. Il y a eu là sans doute une méprise des artistes ou des copistes du moyen-âge, qui auront lu *leæna* pour *hyæna*, à une époque où l'hyène devait être à peine connue, même de nom, en Europe. Il est possible, d'ailleurs, que saint Macaire d'Alexandrie ait été, par suite de cette erreur, confondu avec l'un des ascètes anonymes dont parle l'extrait suivant.

3.— Page 7.

' Dom Martenne dit : « Quand nous n'aurions pas d'au-
' tres preuves de la sainteté de Sulpice-Sévère que l'étroite

9.

' union qu'il a eue avec saint Martin et avec saint Paulin, ' évêque de Nole, nous ne pourrions douter qu'il n'ait été ' un des plus grands saints de son temps ».

' Les éditions du martyrologe romain de 1591 et de 1613 ' confondent l'historien de saint Martin avec l'archevêque ' de Bourges. Voici comment elles s'expriment : « A Bourges, ' fête de saint Sulpice-Sévère, évêque, disciple de saint ' Martin, remarquable par ses vertus et par son savoir ».

' Lorsque le pape Urbain VIII fit réimprimer le martyro- ' loge en 1640, il ne laissa pas subsister cette erreur, et il ' fit effacer seulement ces mots : *disciple de saint Martin.*

' C'est donc l'archevêque de Bourges, connu sous le nom ' de Sulpice-le-Sévère, que l'Église romaine entend uni- ' quement honorer à la date du 29 janvier. Par le fait de ' cette suppression, Sulpice-Sévère fut-il réellement dé- ' pouillé des honneurs rendus aux saints? Nous ne le pen- ' sons pas. En effet, dans son bréviaire, imprimé en 1685, ' Mgr Amelot, archevêque de Tours, n'en continue pas ' moins de faire la fête de saint Sulpice-Sévère au 29 jan- ' vier; mais dans la légende il n'existe plus aucune confu- ' sion, le Saint est honoré comme *confesseur non pontife.*'

(*Les Petits Bollandistes*, Tome II, *Saint Sulpice-Sévère, Disciple de Saint Martin.*)

4.— PAGE 38.

On lit « *quam* » au lieu de « *quem* », dans la *Theologia Moralis* (V. l'extrait précédent) de Stapf, que cite ici Scavini.

De celui-ci encore sont les points de suspension dans le cours de cette citation.

5.— Page 54.

Le Mandement avait primitivement encore les paragraphes suivants.

‘ Et sera la présente instruction pastorale lue et publiée,
‘ sans commentaire, dans toutes les églises, chapelles et
‘ communautés de notre diocèse, le dimanche qui en suivra
‘ la réception.

‘ Donné à Baume-les-Dames, sous notre seing et le contre-
‘ seing du secrétaire général de notre évêché, le 15 août
‘ 1895, en la fête de l'Assomption de la Sainte Vierge, fête
‘ patronale de notre cathédrale et de tout le diocèse. Puisse
‘ cette divine Mère nous regarder encore du haut de son
‘ trône avec des yeux de miséricorde et d'amour, et inspi-
‘ rer enfin au peuple qu'elle aime les sentiments les habi-
‘ tudes de charité, de douceur et de paix auxquels on
‘ reconnaît les cités chrétiennes !’

6.— Page 59.

Le passage suivant, traduit du grec de Moschus, religieux et hagiographe assez célèbre du septième siècle, est tiré des *Acta Sanctorum* des Bollandistes, — *Martis Tomus primus*, — *De S. Gerasimo Abbate in Palæstina prope Jordanem.*

‘ Uno fere milliario distat a Jordane monasterium, quod
‘ Abbatis Gerasimi dicitur. In hoc monasterium advenien-
‘ tibus nobis narraverunt, qui illic morabantur, senes de
‘ Abbate Gerasimo, quod die quadam ambulans super Jor-
‘ danis ripam, obvium habuit leonem valde rugientem,
‘ suspenso pede, cui infixus erat ex calamo aculeus, adeo
‘ ut ex hoc pes ipse intumuisset, et sanie plenus effectus
‘ esset. Cum igitur vidisset leo senem, ostendebat illi vul-

‘ neratum ex infixo aculeo pedem, flens quodammodo et
‘ obsecrans ut illi curam adhiberet. Cum ergo vidisset eum
‘ senex tali necessitate constrictum, sedens apprehendit
‘ ejus pedem, aperiensque vulnus eduxit aculeum infixum
‘ cum magna putredinis copia, diligenterque depurgato
‘ vulnere, et panno alligato, dimisit eum. Leo autem cum
‘ se curatum vidisset, noluit senem deserere, sed ut carus
‘ discipulus, quocumque pergeret, magistrum sequebatur,
‘ ita ut admiraretur senex tantam feræ gratitudinem. Igi-
‘ tur ex tunc senex nutriebat eum; mittens ante illum pa-
‘ nem et infusa legumina.

‘ Habebat autem ipsum monasterium asinum unum, ad
‘ ferendam aquam pro necessitate Fratrum de Jordane.
‘ Consuetudinem autem fecerat senex, ut curam pascendi
‘ asini leo haberet. Itaque abiens cum illo juxta Jordanis
‘ ripas, pascentem observabat. Quadam autem die dum
‘ pasceretur asinus, leo se ab illo longiuscule avertit : cum
‘ ecce camelarius ex Arabia veniens, inventum asinum
‘ accepit, et secum duxit. Leo vero, amisso asino, rediit in
‘ monasterium tristis valde, et dejecta facie ac cervice ad
‘ Abbatem suum. Abbas igitur Gerasimus putavit, quod
‘ asinum comedisset leo, et ait illi : Ubi est asinus? Ille
‘ vero quasi homo stabat tacens, et deorsum aspiciens.
‘ Dicit ei senex : Comedisti eum : benedictus Dominus.
‘ Quidquid faciebat asinus, amodo facies tu. Ex tunc igitur
‘ leo, jubente sene, portabat canthelium capientem am-
‘ phoras quatuor, ferebatque aquam in monasterium.

‘ Die vero quadam venit miles quidam ad senem bene-
‘ dictionis gratia. Qui cum videret leonem bajulantem
‘ aquam, didicissetque caussam, misertus est ejus, pro-
‘ ferensque tria numismata dedit senibus, ut emerent
‘ asinum ad ipsius aquæ ministerium, et liberarent ea ne-
‘ cessitate leonem. Brevi autem transacto tempore, post-
‘ quam liberatus a labore fuerat, camelarius ille, qui asi-
‘ num abstulerat, veniebat ferens triticum, ut venumdaret
‘ illud in sancta civitate, habens et asinum suum. Et cum

‘ transisset Jordanem, accidit ut occurreret leoni : quo ‘ viso, dimisit camelos et fugit. Leo, autem, cognito asino, ‘ cucurrit ad eum, et ore, ut solebat, capistrum mordens, ‘ traxit eum cum tribus camelis, et gaudens simul et ‘ rugiens, quod perditum asellum reperisset, venit ad ‘ senem. Senex vero, qui prius putabat, quod asinum leo ‘ comedisset; tunc vere didicit, quia insidias passus ‘ fuisset leo. Imposuit autem nomen leoni Jordanem. Egit ‘ itaque leo in monasterio cum Fratribus plus quam quin- ‘ que annos, numquam recedens a sene.

‘ Cum autem migrasset ad Dominum Abbas Gerasimus, ‘ et a Patribus sepultus esset, per dispensationem Dei leo ‘ tunc in monasterio inventus non est. Post modicum vero ‘ venit leo in monasterium, et quærebat senem suum. Abbas ‘ autem Sabbatius Cilix, qui et discipulus fuerat Abbatis ‘ Gerasimi, viso illo, dixit illi : Jordane, senex noster demi- ‘ sit nos orphanos, et migravit ad Dominum ; sed accipe, ‘ et comede. Leo autem comedere nolebat, sed jugiter ‘ huc atque illuc se vertens circumspiciebat, quærens ‘ videre senem suum, ac rugitu magno ipsius absentiam ‘ se ferre non posse significans. Abbas autem Sabbatius, ‘ et senes reliqui fricantes ejus cervicem, dicebant ei : Mi- ‘ gravit senex ad Dominum, et demisit nos. Sed ista ‘ dicentes non poterant tamen illius voces et ejulatus ‘ mitigare, sed quanto amplius ipsum verbis fovere ac ‘ solari se existimabant, tanto ipse magis ejulabat, majori- ‘ que rugitu utebatur, et lamenta adjiciebat, ostendens ex ‘ voce, facie, et oculis mœrorem, quem habebat non videns ‘ senem. Tunc ait illi Abbas Sabbatius : Veni mecum, ex ‘ quo non credis nobis, et ostendam tibi, ubi positus est ‘ senex noster. Sumensque eum duxit, ubi illum sepelierant. ‘ Distabat autem ab ecclesia quasi passibus quinque. Et ‘ stans Abbas Sabbatius super sepulchrum Abbatis Gera- ‘ simi, dixit leoni : Ecce hic senex noster sepultus est, et ‘ inclinavit genua sua Abbas Sabbatius supra sepulchrum ‘ senis. Cum ergo id leo audisset, et vidisset prostratum 'super tumulum Abbatem Sabbatium, et flentem, tunc et 'ipse prostravit se, percutiens in terram caput suum vehe-'menter, et rugiens; atque ita continuo defunctus est 'super sepulchrum senis.'

7.— Page 62.

'Tanta sanctitate pollebat, quod et aves silvestres ad se 'venientes manu propria nutriebat. Die autem quadam 'cum esset in nemore, canes aprum latratibus excitantes, 'cum jam eum gravius perurgerent, fugit ad cellam 'S. Mariani; qui ubi canes latrantes audivit, desertis bobus 'illuc properans, et canes compescuit, et aprum incolu-'mem abire permisit.'

***

'Ursa quædam, siccis sanguine faucibus catulorum suo-'rum propulsa, consueverat nocturnis horis intra septa ad 'juga boum irrepere, et anniculis vitulis insidiari. Quodam 'igitur tempore monachi, qui cum eo ad custodiam fue-'rant deputati, juvenili voluntate ursæ cum catulis ejus 'insidiabantur, et laqueis capere voluerunt. Cumque illi 'juvenes Meziclensium, armati contra eam, cupientes 'mandare neci, nocte laqueos tetendissent: S. Marianus 'hoc præsciens, de lecto surrexit, et clam velox dirigit 'gressus, et pergit ad locum, in quo bestia actu sæviens, 'pecoribus necem moliens, in laqueos irruens tenebatur. 'Cumque stetisset coram ea dixit : Quid agis, ursa? Quid 'facis hic, misera? Surge velocius, et insidiosas desere 'latebras. Tunc ursa cervice reflexa, veluti Deo gratias 'agens, humiliter et mansuete discessit, nec unquam visa 'est. Marianus monachos sectantes inveniens increpavit, 'et ursam incolumem abiisse nuntiavit.'

Acta Sanctorum, — Aprilis Tomus secundus, — Vita S. Mariani.

8.— Page 63.

‘ Vir autem Domini, non periculum declinandi causa, sed
‘ ut illius qui homines salvat et jumenta patesceret magni-
‘ ficentia, bestiolam demisit.’ — *Acta Sanctorum*, — II *Vita S. Marculphi Abbatis.*

9.— Page 68.

Parmi les passages qui pourraient être ajoutés des *Petits Bollandistes*, il y en a un trouvé, malheureusement, trop tard pour l'impression ; il raconte un acte de compassion de S. Aventin, apôtre de la Gascogne et martyr, envers un ours blessé, — compassion qui fut commémorée par la construction d'une chapelle sur le lieu de leur rencontre.

10.— Page 83.

‘ Cum esset autem simplex gratia, non natura.’ — *Acta Sanctorum*, — *De Sancto Francisco Confessore,—Vita prima... auctore Thoma de Celano, Sancti discipulo.*

11.— Page 87.

La traduction suivante de ce discours du Cardinal Manning fut envoyée à Son Éminence, qui en accusa réception sans la désapprouver.

‘ Je suivrai scrupuleusement l'exemple de notre noble
‘ président, en ne prononçant que très peu de mots.
‘ Le fait de notre réunion sous le toit du lord chief jus-
‘ tice assure aujourd'hui une très haute sanction à notre
‘ œuvre. Nous ne nous serions pas rencontrés en ce lieu,

‘ si une haute intelligence et un jugement des plus sûrs ‘ n’avaient pas sanctionné l’objet de nos efforts, de telle ‘ sorte que nous ne risquons guère d’être mis en suspicion ‘ au nom soit du droit, soit de la sagesse.

‘ Puisque je suis là, le devoir qui m’incombe est de faire ‘ la proposition suivante : « Que le compte rendu n° 2 de ‘ la Société de Victoria street soit adopté comme le rapport ‘ officiel de ladite Société. »

‘ Je suis très heureux de faire cette proposition, car de- ‘ puis deux ans je n’ai pas eu l’occasion d’exprimer ce que ‘ je sens à ce sujet. Il y a des hommes ici présents qui ‘ savent qu’antérieurement je n’hésitais pas à exprimer ‘ énergiquement mes sentiments et mes vœux. Alors ma ‘ conviction n’était pas ce qu’elle est aujourd’hui ; c’est ‘ pourquoi je saisis la première occasion qui m’est offerte, ‘ pour exprimer publiquement ma ferme résolution d’aider, ‘ tant que la vie me sera accordée, à faire disparaître une ‘ pratique que je considérais déjà comme détestable, dé- ‘ pourvue d’utilité scientifique et immorale en elle-même ‘ (Applaudissements), et qui, je suis persuadé maintenant, ‘ ne peut être réglementée. Nous avons fait tous nos efforts ‘ pour cela ; une commission officielle a publié un rapport ‘ très étudié et a déterminé les conditions moyennant les- ‘ quelles cette pratique pourrait être admise ; ce rapport a ‘ servi de base à une législation spéciale ; et non seulement ‘ je crois que cette législation n’a rien produit de l’effet ‘ désiré, mais que nous avons été entièrement joués, et ‘ qu’on n’a pas mis la loi à exécution. Je crois enfin que le ‘ temps est venu, — et je voudrais seulement que nous en ‘ eussions le pouvoir, — où la vivisection doit être prohibée ‘ par la loi sans réserve. (Applaudissements.)

‘ Je suis donc tout prêt à adopter le rapport que j’ai à ‘ la main, et cela pour des raisons exposées dans le rap- ‘ port lui-même, que j’ai lu ce matin avec beaucoup de ‘ soin et d’attention. Une de ces raisons se trouve dans ‘ la requête adressée à M. Gladstone (p. 25), où je lis :

« L'acte 39 et 40 *Vict.*, *c.* 77, qui promettait de concilier
‘ les revendications de la science et celles de l'humanité,
‘ s'est montré si peu efficace, que plusieurs des expériences,
‘ citées devant la Commission royale comme étant d'une
‘ cruauté exceptionnelle (notamment celles du Dr Rutherford), ont été répétées en 1878, avec l'autorisation directe
‘ de la loi, tandis qu'en cette même année on a breveté trois
‘ fois plus de vivisecteurs qu'il ne se trouvait d'individus
‘ voués à de telles pratiques d'un bout à l'autre du royaume
‘ en 1875. » Ce passage a été, je crois, écrit après un examen rigoureux et exact des faits, qui prouvent tous largement ce qui y est affirmé : à savoir que la loi votée, il
‘ y a deux ans, s'est montrée impuissante, et que, ne pouvant limiter, nous devons prohiber. (Applaudissements.)

‘ Je lis également dans le même document, que le Dr Lauder Brunton a expérimenté sur quatre-vingt-dix chats,
‘ et le Dr Rutherford sur quarante chiens, qui ont été tous
‘ mis à la torture pendant bien des jours; j'y vois des chiens
‘ et des lapins cuits jusqu'à la mort, au four et à l'étuvée,
‘ par Claude Bernard; vingt-cinq chiens enduits de térébenthine et rôtis vifs par le professeur Wertheim; et je
‘ demande seulement si, au nom de la « science », il est
‘ permis de faire des expériences de ce genre?

‘ Dans le même document, il est dit, et fort bien dit :
« Ne permettez pas que le nom de science devienne odieux
‘ par la responsabilité d'actes qui, commis en pleine rue,
‘ ne manqueraient pas d'exaspérer même la plus grossière
‘ populace. » Puis encore : « L'historique de la loi qui régit
‘ actuellement cette matière a démontré qu'on s'efforcerait
‘ en vain de séparer l'usage de la vivisection (si usage
‘ légitime il y a) de l'abus. Entre la bride lâchée aux atrocités et l'interdiction absolue, il n'y a pas de milieu. » En
‘ prohibant la vivisection, « vous préserverez à la fois d'innombrables animaux d'angoisses qui n'ajoutent pas un
‘ médiocre appoint à la somme des misères d'ici-bas, et
‘ les hommes de cette dureté de cœur et de cette mort de

'la conscience, contre lesquelles la plus brillante découverte de la physiologie ne serait qu'une bien faible compensation. » Je crois que ces phrases sont à la fois vraies et d'un grand poids. (Écoutez, écoutez.) Je ne me faisais pas encore une idée des horreurs qui avaient été commises. À la page 34 du Rapport il est question de la brochure du physiologue Mantegazza au sujet de l'action de la douleur sur la respiration. Le professeur décrit les méthodes, dont invention lui revient, pour produire la douleur. Il paraît qu'elles consistent à « planter des clous aigus et nombreux dans les pieds de l'animal, de manière à le rendre presque immobile, parce qu'à chaque mouvement le tourment lui serait plus intolérable. » Plus loin il décrit comment, pour obtenir une douleur encore plus intense, il a été obligé de produire des lésions suivies d'inflammation. Un appareil ingénieux, construit par « notre » T..., de M..., le mettait à même d'empoigner n'importe quelle partie d'un animal avec des pinces à dents de fer, et d'écraser, ou de déchirer, ou de soulever la victime « de façon à produire la douleur de toutes les manières possibles ». La première série de ses expériences, M. Mantegazza nous l'apprend, fut pratiquée sur douze animaux, pour la plupart des lapins et des cochons d'Inde, dont plusieurs femelles pleines. Une de ces pauvres petites créatures, presque à terme, fut condamnée à des « *dolori atrocissimi* », de façon qu'il fut impossible de faire aucune observation à cause de ses convulsions. Aucune revendication de la science, ni résultat espéré, rien, rien ne peut justifier de telles horreurs. (Applaudissements.)

'Il faut aussi se rappeler que, si ces tourments raffinés et sans nom sont des faits certains, le résultat en est purement conjectural ; le résultat n'a de certain que l'infraction aux lois les plus élémentaires de la pitié et de l'humanité. (Vifs applaudissements.) Mais, d'autre part, je sais que sir William Fergusson, que nous avons récemment perdu, a déclaré que la vivisection n'a pas fait faire à la science

‘ le moindre progrès, et personne n'a eu plus d'expérience
‘ que lui ; je sais également que sir Charles Bell, qui ajoutait aux connaissances pratiques de Fergusson un génie
‘ scientifique tout personnel, a aussi laissé ce témoignage,
‘ que la science n'a rien gagné à la vivisection. J'affirme
‘ donc que nous nous fourvoyons, si nous croyons que la
‘ vivisection nous mène sur la vraie voie des découvertes.
‘ (Écoutez, écoutez.) Je suis fermement convaincu qu'il ne
‘ nous reste qu'une chose à faire : c'est de rendre la loi du
‘ pays plus rigoureuse qu'elle ne l'est aujourd'hui.

‘ Que personne ne croie que l'Angleterre soit à l'abri des
‘ énormités commises à l'étranger. J'aime mon pays et mes
‘ compatriotes, mais je me garderai bien de me fier à
‘ l'idée que ce qui a été pratiqué à l'étranger ne l'ait pas
‘ été ou ne puisse l'être chez nous ; et, si je pensais qu'il
‘ y eût en ce moment une exemption relative pour l'Angleterre, je dirais : « Prenez garde que nous ne subissions
‘ jamais le contre-coup de ce qui se passe sur le continent,
‘ car il est indubitable que tout ce qui se fait à l'étranger
‘ se fera avant peu parmi nous, à moins que nous ne le
‘ rendions impraticable. »

‘ Une des parties les plus intéressantes de ce rapport est
‘ celle qui annonce que les jeunes gens des deux Universités
‘ se sont occupés de ce sujet, et que, lors de sa discussion
‘ dans l'*Union Debating Society* d'Oxford, les antivivisectionnistes ont remporté la victoire. Les opinions de la jeunesse
‘ du jour sont les prophéties de l'avenir, et, si nous pouvons
‘ élever nos jeunes gens dans l'horreur de la cruauté pratique au nom de la science, vos mains seront tellement
‘ fortifiées que le jour ne sera pas éloigné où vous serez à
‘ même d'arrêter ce grand mal. (Vifs applaudissements.)’

Ce discours fut prononcé dans une assemblée générale d'une société contre la Vivisection dont Son Éminence fut l'un des fondateurs et, jusqu'à sa mort en 1892, l'un des vice-présidents, et qui compte aujourd'hui de catholiques, parmi ses vice-présidents, l'Archevêque de Tuam, l'Évêque de Nottingham, le Marquis de Bute et le chef de la famille Weld-Blundell, et, parmi ses membres d'honneur, entre autres, le Cardinal Gibbons.

---

12. — Page 92.

‘ C'est lui [Bell] qui découvrit que les racines antérieures ‘ de la moelle épinière servent au mouvement et les racines postérieures à la sensibilité, découverte capitale, ‘ qu'il consigna dans son *Exposition of the natural system* ‘ *of the nerves*.’ — *Dictionnaire universel d'Histoire et de Géographie*, de Bouillet.

Voici le témoignage si important de ce grand découvreur que doit rappeler le cardinal : -

‘ A survey of what has been attempted of late years in ‘ physiology, will prove that the opening of living animals has done more to perpetuate error, than to confirm ‘ the just views taken from the study of anatomy and motions[1].’ — *Exposition of the natural System of the Nerves of the Human Body*.

‘ In a foreign review of my former papers, the results ‘ have been considered as a farther proof in favour of ‘ experiments. They are, on they contrary, deductions from ‘ anatomy; and I have had recourse to experiments, not to

1. L'examen de ce qui a été essayé dans ces derniers temps en physiologie démontrera que la dissection d'animaux vivants a plus servi à perpétuer les erreurs qu'à confirmer les notions exactes qui sont venues de l'étude de l'anatomie et des mouvements naturels.

‘ form my own opinions, but to impress them upon others[1].’ — *Ibid.*

‘ I can affirm, for my own part, that conviction has ‘ never reached me by means of experiments on brutes, ‘ neither when I have attempted them myself, nor in reading ‘ what experimenters have done. It would be arraigning ‘ Providence to suppose that we were permitted to pene- ‘ trate the mysteries of nature by perpetrating cruelties ‘ which are ever against our instinctive feelings[2].’ — *Essay on the Forces which circulate the Blood.*

13.— Page 125.

La ponctuation et l'orthographe des dernières lignes sont, sans doute, à corriger d'après le manuscrit, qui doit être aux archives de la Société.

14.— Page 24.

The American Ecclesiastical Review a donné l'historique des courses de taureaux en Espagne depuis la bulle de S. Pie V. On en pouvait ap-

1. Dans une appréciation à l'étranger de mes premiers mémoires, les résultats ont été considérés comme une nouvelle preuve en faveur des expériences. Ce sont, au contraire, des déductions de l'anatomie; et j'ai eu recours aux expériences, non pour former mes propres opinions, mais pour les imprimer dans l'esprit des autres.

2. Je puis affirmer, pour ma part, que la conviction ne m'est jamais venue au moyen d'expériences sur les animaux, ni quand je les ai essayées moi-même, ni en lisant ce que les expérimentateurs ont fait. Ce serait faire injure à la Providence, que de supposer que nous sommes autorisés à pénétrer les mystères de la nature en commettant des cruautés qui sont toujours en opposition avec nos sentiments instinctifs.

prendre que Grégoire XIII, à l'instance de Philippe II, permit à l'Espagne des courses comme on en voit encore en Portugal (annexé par Philippe à ses états), c'est-à-dire avec tout l'apparat des anciennes courses espagnoles, mais sans leur férocité; que même ces courses mitigées, où, néanmoins, les vieilles pratiques barbares devaient parfois entrer de contrebande, étaient mal vues de l'Église, et sont devenues de plus en plus rares, jusqu'à leur interdiction par Charles IV; et que les *courses espagnoles* furent rétablies par Joseph Bonaparte, qui, n'ayant rien à espérer du clergé, et pour cause, voyait là un atout dans son jeu pour recommander le nouveau régime à la populace.

INDEX

Imp. Bordier, rue de Savoie, 14, à Paris

www.ingramcontent.com/pod-product-compliance
Ingram Content Group UK Ltd.
Pitfield, Milton Keynes, MK11 3LW, UK
UKHW021119220726
13924UKWH00004B/1810